KB251110

복 있는 사람

오직 여호와의 율법을 즐거워하여 그 율법을 주야로 묵상하는 자로다.
저는 시냇가에 심은 나무가 시절을 좇아 과실을 맺으며 그 잎사귀가 마르지 아니함 같으니
그 행사가 다 형통하리로다. (시편 1:2-3)

순례자의 기도

Tim Challies

Pilgrim Prayers

: devotional poems that awaken your heart to the goodness,
greatness, and glory of God

순례자의 기도

위대한 신앙의 유산에서 길어 낸 50편의 기도시

팀 챌리스 지음 | 최애리 옮김

복 있는 사람

순례자의 기도

2026년 3월 17일 초판 1쇄 인쇄
2026년 3월 24일 초판 1쇄 발행

지은이 팀 챌리스
옮긴이 최애리
펴낸이 박종현

㈜ 복 있는 사람
주소 서울특별시 마포구 연남동 246-21(성미산로23길 26-6)
전화 02-723-7183(편집), 7734(영업·마케팅)
팩스 02-723-7184
이메일 hismessage@naver.com
등록 1998년 1월 19일 제1-2280호

ISBN 979-11-7083-328-4 03230

Pilgrim Prayers
by Tim Challies

Originally published in the U.S.A. under the title *Pilgrim Prayers*
Copyright © 2024 by Tim Challies

This Korean Translation Copyright © 2026 by The Blessed People Publishing Inc.,
Seoul, Republic of Korea.
This Korean edition is published by arrangement with HarperCollins Christian
Publishing, Inc. through rMaeng2, Seoul, Republic of Korea.
The original English text of the prayers is included in the appendix of this edition by
special permission from HarperCollins Christian Publishing, Inc.
All rights reserved.

이 한국어판의 저작권은 알맹2를 통하여 HarperCollins Christian Publishing, Inc.과 독
점 계약한 ㈜ 복 있는 사람에 있습니다. 영어 기도시 원문은 HarperCollins Christian
Publishing, Inc.의 특별 허가에 따라 본 책에 수록되었습니다. 신저작권법에 의하여 한
국 내에서 보호받는 저작물이므로 무단 전재와 무단 복제를 금합니다.

친구 데이빗 밴 윙어든을 추모하며 이 책을 바칩니다.

인생의 수고가 끝나고, 흙인 육신이 잠들면
무거운 짐 벗은 영혼이 가볍게 날아오른다.
하늘과 땅이 만나서 하는 말
"의인은 죽을 때 얼마나 복된가!"

– 애너 레티샤 바르보(1743-1825)

차례

머리말

그리스도인들이 시를 중시하던 시절이 있었습니다.
그리 먼 옛날도 아니지요. 시가 의사소통의 주된 형태 중 하나였고
시를 읽고 쓰는 것이 그리스도교 영성의 흔한 요소였던 시대들이
있었습니다. 수천 명의 그리스도인들이 하나님에 대한 찬양을 표
현하기 위해 신앙시를 썼고, 때로는 시의 형태로 기도를 드렸습니
다. 그리고 더 많은 그리스도인들이 그런 시들을 읽고 유익을 얻었
지요. 하지만 오늘날 시는 대부분의 그리스도인들 사이에서 없어도
그만인 것이 되었습니다. 시를 쓰는 사람도 드물고 우리 선조들이
물려준 광대한 시의 보고寶庫에 대해 아는 이도 드뭅니다.

제가 신앙시를 발견한 것은 몇 년 전의 일입니다. 기억력을 향
상시켜 준다는 앱을 다운로드했을 때였지요. 앱은 꽤 효과가 있었
고, 얼마 지나지 않아 저는 수많은 멋진 시를 언제든 떠올릴 수 있게
되었습니다. 이 시들을 거듭 읽고 암송하다 보니 그것들은 제 머리
와 마음에 새겨졌습니다. 주님께서 제게 크나큰 고난과 슬픔의 시기
를 견디게 하셨을 때 얼마나 그 시들에 의지하게 될지 당시에는 미
처 알지 못했지요. 그 시들은 제게 제 괴로움을 표현할 말과 낙심을

위로할 진리들이 되어 주었고, 때로는 주님께 올려드릴 간구의 말이 되기도 했습니다. 저는 이 시인들의 말을 빌려 그들의 말로 제 마음을 표현하게 되었고, 그들의 말로 주님께 기도하게 되었습니다.

그 후로 저는 과거에 쓰인 무수한 시집들을 뒤적이느라 수많은 시간을 보냈습니다. 제게 가장 가깝게 다가왔던 시들은 1800년대 중후반에 쓰인 것이었지만, 1700년대의 시들도 몇 편 있습니다. 1600년대와 그 이전으로 돌아가도 여전히 훌륭한 작품들이 많지만, 그것들은 예스러운 언어 때문에 읽고 음미하기가 조금 더 까다롭지요.

이 책에서 저는 하나님께 드리는 기도시들, 당신이 기도하는 데 도움이 될 만한 시들을 50편 엮어 보았습니다. 어떤 시는 아침에, 어떤 시는 저녁에 기도하기 좋습니다. 어떤 시는 죄의 고백을, 어떤 시는 경배의 표현을 담고 있습니다. 시험의 때에 하나님의 도움을 구하는 시가 있는가 하면, 고난의 때에 그분의 위로를 구하는 시도 있습니다. 어떤 시는 지난날 하나님께서 하신 위대한 일에 주목하고, 또 어떤 시는 그분께서 장차 하시겠다고 약속하신 위대한 일에 주목합니다. 하지만 모두 읽는 이가 주님께 아뢰는 말이니, 시의 형태로 쓰인 기도들입니다.

저는 각각의 시에 간단한 묵상과 관련 성구들, 그리고 적용해 볼 만한 질문 한두 가지를 덧붙였습니다. 때로는 시를 읽고 즐기는 데 도움이 될 만한 설명을 더하기도 했습니다. 간간이 시에 나오는 'we', 'you' 같은 1인칭 복수는 'I', 'me' 같은 1인칭 단수로 다듬어 좀 더 기도하기 쉽게 만들었습니다. 이 시들이 제게 도움이 되었던 만큼 당신에게도 도움이 되기를 바라고 또 그러리라 확신합니다. 당신도 이 시들을 자기 마음의 표현으로 삼아 기도하다 보면 이것들을 아끼게 될 것입니다. 그렇게 되기 위해서는 먼저, 우리에게 기도에 대해 가르쳐 줄 시부터 한 편 읽어 보면 좋겠습니다. 기도란 무엇일까요? 우리는 왜 기도해야 할까요? 어떻게 하면 기도하려는 열망과 실제로 기도하는 능력에서 더 자랄 수 있을까요? 제임스 몽고메리가 기꺼이 당신에게 가르쳐 줄 것입니다. 다음 시를 읽은 다음, 잠

시 멈추어 마지막 연의 말들이 당신 마음에서 우러나는 기도의 말
이 되도록 기다려 보십시오.

기도는 영혼의 진실한 소원,
입 밖에 내거나 내지 않거나
가슴속에서 팔락이는
숨은 불꽃의 떨림.

기도는 한숨의 무게,
떨어지는 눈물,
눈을 들어 위를 바라봄,
하나님 말고는 아무도 곁에 없을 때.

기도는 가장 단순한 형태의 언어,
젖먹이의 입술로도 할 수 있으리.
기도는 가장 숭고한 선율,
높으신 하나님께 상달되리.

기도는 그리스도인의 생명의 숨결,
나면서부터 그 숨으로 숨쉬고
죽음의 문전에서 말할 암호―
기도로 천국에 들어간다네.

기도는 뉘우치는 죄인의 음성,
그가 자기 길에서 돌이킬 때에
천사들도 기뻐 노래한다네.
"보라, 그가 기도한다!"고.

말로든 행위로든 생각으로든

성인들은 기도로 성인이 되네.
성부 성자와 더불어
감미로운 교제를 누리네.

어떤 기도도 나 혼자 하지 않으니
성령께서 친히 간구하시네.
영원한 보좌에서 예수님도
죄인들을 위해 중보하시네.

오, 생명이요 진리요 길이신
당신으로 말미암아 하나님께 나아가오니,
당신도 걸으신 기도의 길을
주여, 제게 기도하는 법을 가르쳐 주소서.

하나님께서 이 기도를 이루어 주시기 원합니다. 이 책을 통해,
그리고 여기 실린 기도시들을 통해서.

시를 읽고 이해하기

시는 산문이 아닙니다. 산문은 가장 흔하고 친숙한 형태의 글쓰기입니다. 문장과 문단으로 이루어지며 운율과 압운에 기대지 않습니다. 산문 역시 풍부하고 아름다울 수는 있지만, 이미지나 암시를 사용하기보다 생각을 평이하고 기능적으로 표현하는 경향이 있습니다. 당신이 지금 읽고 있는 이 글이 바로 산문입니다.

반면, 시는 행과 연으로 쓰이며 운율과 압운을 사용하는 것이 특징입니다. 시행들은 일정한 리듬을 따르고, 시행의 음운들이 서로 조화를 이루는 것이지요. 가령 각운이라면 마지막 음절이 다른 행(들)의 마지막 음절과 통일되는 식으로요. 적어도 이 선집의 시들은 분명히 알아볼 수 있는 운율과 뚜렷한 압운 체계를 갖추고 있습니다. 저는 일부러 내용과 형식 모두 비교적 단순한 시들을 골랐습니다. 시는 또한 이미지와 암시를 풍부하게 사용하여, 사실을 평이하게 표현하는 대신 말로 그림을 그리듯 하는 경향이 있습니다.

그리고 이 모든 기법들을 사용함으로써, 시는 산문과는 다른 방식으로 정서를 불러일으킵니다. 그것이 시의 강점이지요. 훌륭한 시는 시적 형식과 시어로 우리의 정신과 마음을 사로잡습니다

많은 사람들이 시와 찬송시의 차이를 궁금해합니다. 사실 이렇다 할 차이는 없습니다. 찬송시란 음악이 더해진 시지요. 그리스도교 신앙의 위대한 찬송시 중 다수가 처음에는 시로 쓰였다가 나중에야 곡조가 붙여진 것입니다. 이 선집에 저는 몇몇 덜 유명한 찬송시들을 포함시키는 한편 너무나 잘 알려진 것들은 대체로 피했습니다.

시를 읽고 즐기기 위한 몇 가지 요령은 다음과 같습니다.

- 시는 소리 내어 읽는 것이 가장 좋습니다. 그럴 수 없을 때는 마음속으로라도 낭송하듯 집중하여 읽으십시오.
- 한 편의 시를 처음 대하면 운율 체계부터 파악해 보십시오. 리듬을 염두에 두고 읽되, 너무 지나쳐 행군 북소리처럼 되지 않게 하십시오. 또한 각운 체계를 염두에 두되, 역시 지나쳐 시행의 마지막 음절만 강조되지 않도록 그 섬세함을 음미하십시오.
- 처음 읽을 때는, 운율 체계와 더불어, 저자가 시 전체에 일관되게 사용하고 있는 반복적 이미지가 있는지도 눈여겨보십시오.
- 두 번째로 읽을 때는, 운율과 시적 의도에 대한 이해를 실어가며 읽어 보십시오.
- 세 번째로 읽을 때는, 시어와 시상에 좀 더 초점을 맞추어 주님께 드리는 당신의 기도를 담아 보십시오.
- 당신이 좋아하는 시들을 자주 다시 읽어 보십시오. 읽으면 읽을수록 더 깊이 이해하게 되고 시를 통해 당신의 마음을 표현할 수 있게 될 것입니다. 당신에게 각별히 중요하게 여겨지는 시들은 암송해도 좋습니다.

당신이 시를 읽게 되면, 엄청난 시의 보고가 당신을 기다리고 있음을, 당신의 마음에 축복과 양식이 되고 당신이 하나님의 영광을 위해 사는 데 도움이 될 많은 보물이 있음을 알게 될 것입니다.

이 책의 사용법

     이 책은 당신의 기도에 도움이 되길 바라며 엮은 것입니다. 당신이 주님께 기도할 때 좀 더 새로운 언어로 마음을 표현할 수 있었으면 해서요. 이 책은 시로 쓰인 기도문들을 골라 모은 것인데, 대다수의 시들은 개인적 관점에서 쓰였으므로 'I'라든가 'me'라는 말을 사용하고 있습니다. 간혹 공동체적인 관점에서 쓰인 시들은 'we' 'us' 같은 말을 사용하기도 하지요. 하여간 모두 읽는 이가 하나님께 경애와 고백과 감사와 간구를 표현하는 기도가 됩니다. 저는 각각의 시에 그것이 어떤 종류의 기도인지 간략히 밝히는 제목을 붙여 두었습니다. "하나님을 신뢰하는 기도", "고백의 기도", "아침을 시작하는 기도" 등과 같이요.

     이 책을 가장 잘 사용하려면, 그렇게 붙여진 제목과 뒤이은 짧은 묵상부터 읽는 것을 추천합니다. 그렇게 해서 맥락이 잡힌 다음, 시를 한두 차례 훑어 읽으며 운율과 압운 체계와 내용을 대강 파악하십시오. 그러고 나서, 기도문을 읽듯 그냥 읽어 보십시오. 시인의 말이 당신이 주님께 아뢰는 말인 것처럼요. 다른 사람의 기도문을 읽을 때 흔히 그렇듯이 처음에는 다소 어색하게 느껴질 수도 있지만, 곧 자연스럽게 자신의 마음이 담길 것입니다. 좀 더 깊은 이해를 원하는 독자들을 위해서는, 관련 성구 한두 구절과 개인적 적용을 위한 질문 한두 가지를 첨부해 두었습니다.

하루에 한 편만 읽을 수도 있고, 아침에 한 편 저녁에 한 편을 읽을 수도, 아니면 단번에 전부 읽을 수도 있을 것입니다. 어떤 식으로 읽든, 자주 다시 읽어 보기를 권합니다. 이 시들을 거듭 읽으며 자신의 기도로 삼을 때, 그것들은 비로소 당신 마음의 언어가 될 것입니다.

하나님의 거룩하심을
경배하는 기도

거룩, 거룩, 거룩하신 주님,
만군의 하나님! 하늘과 땅이
당신의 말씀에 어둠 속으로부터
영광스러운 탄생으로 불려나왔을 때,
보시기에 좋았더라 하신 모든 것이
당신 앞에 서서
감미롭게 창화하여 외쳤나이다.
거룩, 거룩, 거룩하신 주님!

거룩, 거룩, 거룩하신! 당신은
언제까지나 한분 여호와
성부, 성자, 성령이시니!
티끌이요 진토인 저희의 찬양을 받으소서.
당신이 구속하신 세상으로부터
경히 여김을 받으시오나
여기 저희는 기쁨으로 노래하나이다.
거룩, 거룩, 거룩하신 주님!

거룩, 거룩, 거룩하신! 온 하늘이
승리의 함성으로 노래하리니
포로 된 나라들이
그들 왕의 발등상 앞에 무너질 때
뭇 성도와 천사들이
마음들과 음성들이

보좌를 둘러싸고 벅차게 부를
거룩, 거룩, 거룩하신 주님!

— 제임스 몽고메리, '거룩, 거룩, 거룩하신 주'

영어에서는 무언가를 묘사하며 그 의미를 강조하거나 심화시킬 때 단어 앞에 '아주very' '대단히exceedingly' '극도로extremely' 같은 말을 씁니다. 키가 큰 사람과 현저히 큰 사람, 예외적으로 큰 사람을 그런 식으로 구별하는 것이요. 그런데 히브리어에서는 같은 말을 반복함으로써 강조합니다. 그러니까, 예외적으로 키가 큰 사람은 키가 "크고 큰 사람"이 되겠지요. 성경은 자주 하나님의 속성들을 묘사하는데, 세 번 반복되는 속성은 단 하나뿐입니다. 하나님은 선하시지만, '선하시고 선하시고 선하시다'라는 식으로 묘사되지는 않습니다. 하나님은 공정하시지만, '공정하시고 공정하시고 공정하시다'라고도 하지 않습니다. 그분의 거룩하심만이 세 번째 단계까지 높여지고, 그분의 거룩하심만이 세 번씩이나 반복될 만큼 그분의 근본적인 속성인 것이지요. 그분은 그저 '거룩하신'이나 '거룩하시고 거룩하신' 분이 아닙니다. 그분은 "거룩하시고 거룩하시고 거룩하신" 분입니다. 그분은 그처럼 아주, 대단히, 극도로 거룩하시기 때문에, 우리의 찬양과 경배를, 가장 깊은 진심에서 우러나는 헌신을 받기에 합당하십니다. 그러므로 우리는 이 거룩하신 하나님께 경배합니다. 하나님이 천지를 창조하셨을 때 창조된 세계 전체가 그렇게 했듯이, 그리고 오늘날도 하나님의 백성이 구원받은 것을 기뻐하며 그렇게 하듯이 말입니다. 그리고 그리스도께서 다시 오시는 그날에는 하늘과 땅의 모든 것이 그렇게 우리 하나님께 경배할 것입니다.

짚어보기   시인이 하나님께 드리는 예배와 그분에 대한 경탄의 마음을 어떤 말로 표현하는지 눈여겨보십시오. 또한 과거에서 현재로 또 미래로 시가 진행해 나가는 것도 주의해 보십시오.

묵상하기   이사야 6:1-7; 요한계시록 5:1-14.

적용하기   당신은 얼마나 자주 하나님의 거룩하심을 묵상합니까? 당신이 좀 더 자주, 좀 더 마음을 기울여 그분의 거룩하심을 묵상한다면, 당신의 신앙생활은 어떻게 달라질까요?

2 아침을 시작하는 기도

깨어라, 내 영혼아! 깨어라, 내 눈들아!
깨어라, 아직 졸고 있는 내 기능들아!
깨어서 갓 태어난 빛을 보아라.
밤의 어둑한 자궁으로부터 솟구쳐 일어나라!

눈을 들어 보아라, 지칠 줄 모르는 해는
벌써 경주를 시작했구나.
어여쁜 종달새도 드높이 치솟아
하늘 높이 아침 노래를 부르는구나.

일어나라, 내 영혼아, 그리고 너, 내 음성아,
아침 일찍 찬양의 노래로 기뻐하라!
오, 위대하신 창조주! 하늘의 왕이시여!
당신의 찬양을 언제까지나 부르게 하소서!

당신의 권능이 만드신 이 육신을
당신의 선하심이 지키셨으니—내 무방비하게 잠든
동안에도
어둠의 모든 권능에서 자유한 또 하루를
내게 주셨나이다.

오! 내 마음을 죄로부터 안전하게 지켜 주시고
내 삶을 흠 없이 순전하게 지켜 주소서.
마지막 날이 닥칠 때에도

명랑하고 겁 없이 내 운명을 기다릴 수 있도록.

— 토머스 플랫먼, '아침을 위한 찬가'

하나님은 우리를 유한하고 제한된 존재로 지으셨습니다. 우리가 쉬어야만 한다는 것은 우리 시스템에 오류가 생겨서도 아니고 디자인에 결함이 있어서도 아닙니다. 우리는 쉬지 않고는 제대로 기능할 수 없으며, 잠을 자지 않고는 오래 버티지 못합니다. 밤의 어둠 속에서 자고 나서, 우리는 날마다 새 아침을 신선한 새 출발로, 하나님을 찬양하고 섬기며 그분의 은혜에 의지할 새로운 기회로 시작하지요. 날마다 우리는 눈을 떠 몸을 일으키는 것 못지않게 영혼을 깨워, 하나님이 지으신 세계의 경이로움과 구속救贖 역사의 경이로움을 마주해야 합니다. 우리 영혼을 깨워, 우리를 지으시고 구원하시고 하늘 본향까지 안전하게 인도하시겠다고 약속하신 하나님의 성품을 묵상해야 합니다. 영혼을 깨워, 복음을 깊이 생각하고 그 영광스러운 경이로움을 우리 자신에게 상기시킬 필요가 있습니다. "깨어라, 내 영혼아!"라고 우리는 새 날을 시작하며 외칩니다. "깨어나라!"

짚어보기   처음 2행은 눈들eyes과 기능들faculties(지성·의지·기억·감각을 통칭)이라는 말로 끝납니다. 이것은 '반¥각운'이라고 알려진 시 형식으로, 마지막 자음들('s')은 소리가 같지만, 모음은('e' 'ie')그 소리가 다른 경우를 말합니다. 반각운은 대게 완전히 압운을 맞추기가 불가능하거나 운을 맞추면 너무 뻔한 표현이 될 것 같을 때 사용되지요. 마지막 연에도 반각운이 쓰인 것을 주의해 보십시오. 눈들eyes과 기능들faculties 같은 반각운을 만날 때는 뒤의 말을 굳이 앞의 말에 맞추려 하지 말고 평소와 같이 발음하십시오. 즉, 'FAC-ul-**teez**'라고 하면 되지 굳이 'FAC-ul-**teyes**'로 발음할 필요가 없다는 말입니다.

묵상하기   시편 57:8-10; 예레미야애가 3:22-24.

적용하기   어떤 습관이나 일과가 아침에 당신의 영혼을 깨워 하나님께 찬양과 감사를 드리게 합니까? 당신은 이런 일들에 얼마나 훈련되어 있습니까? 당신이 지키는 어떤 습관이나 일과가 당신의 영혼을 지루하고 무기력하게 만듭니까? 하나님은 당신이 이런 것들에 대해 어떻게 하도록 부르고 계실까요?

3 그리스도께 찬양 드리는 기도

오, 하나님의 어린양이여! 십자가에서
내 죄과를 대속하려 고난당하신 이여,
죄인의 간구에 귀 기울이사
내게 긍휼을 베푸소서, 하나님의 어린양이여!

당신의 상하신 옆구리에는 죽음으로 값 주고 사신
모든 죄인을 위한 자리가 있나이다.
모든 죄인을 위해 당신은 용서를 펼치시고
온 세상을 위해 보혈을 뿌리셨나이다.

오, 하나님의 어린양이여! 내게 당신의 평화를 허락
하사
죄와 슬픔으로부터 풀려나게 해주소서.
나를 당신의 안식의 본향에 맞게 만드사
당신과 함께함으로 영원한 복을 누리게 하소서.

ㄱ곳에서 구속받은 무리에 속하여
영원한 노래를 부르게 하소서─
"죽임당하신 어린양이 합당하시도다,
영원히 다스리시기에 합당하시도다!"

─크리스토퍼 뉴먼 홀, '하나님의 어린양'

성경은 예수님을 "하나님의 어린양"(요한복음 1:29)으로 묘사합니다. 이 것은 구약의 제사 제도에 빗댄 표현이지요. 하나님의 백성은 흠 없는 어린양을 희생 제물로 바침으로써 그분께 순복함을 보여야 했습니다. 당시에는 이해하지 못했겠지만, 이런 희생 제사는 최종적 희생 제사를 가리키는 것이었습니다. 모든 제사 제도를 낡고 불필요한 것으로 만들 유일하고 최종적인 희생 제사 말입니다. 그 최종적 희생 제사에서 그들은 그모든 어린양들이 예수 그리스도의 예표였음을 알게 될 것이었습니다. 예수 그리스도는 완전한 하나님이자 완전한 사람으로, 하나님과 사람을 영원히 화목케 하기 위해 자기 생명을 기꺼이 내어주는 흠 없는 어린양이 되실 것이었습니다. 그 어린양은 부활하여 높임 받으시고 "능력과 존귀와 영광과 찬송을 받으시기에" 합당하시다고 선포되실 것이었습니다(요한계시록 5:12). 하나님 아닌 누가 이런 계획을 만드시고 성취하실 수 있겠습니까?

짚어보기 셋째 연에서 그리스도의 안식의 본향에 '맞게' 됨을 언급한 데 주목하십시오. 이 시를 읽고 기도하면서, 당신이 이생에서 복음 가운데 성장하는 것, 특히 고난과 기도 가운데 성장하는 것이, 어떻게 당신을 영생에 '맞게' 만들어 주는지 묵상하십시오.

묵상하기 이사야 53:7; 요한계시록 5:6-14.

적용하기 당신은 그리스도께로 돌이켜 회개하고 믿었습니까? 하나님의 어린양이 당신의 죄과를 대속하시기 위해 고난당하셨다고, 당신은 말할 수 있습니까? 만일 그렇지 않다면, 당신은 지금 이 자리에서 그렇게 하겠습니까? 시인이 예수께 아뢰는 대로입니다. "모든 죄인을 위해 당신은 죽으셨나이다."

4 힘과 인내심을
얻기 위한 기도

힘을 주시기를 구하나이다, 오, 하나님!
인도하시고 징계하시는 당신의 막대기로 인해
제 어깨에 실리는 모든 짐을 감당할 힘을 주소서.
갈수록 더해 가는 그 무게로 인해
제 영혼이 낙심하여 주저앉지 않도록.

힘을 주시기를 구하나이다,
의무의 가장 좁은 길을 달려갈 힘을,
쾌락 속에 환히 빛나는 더 넓은 길로 돌아서지 않을
힘을.
당신이 제게서 그 인자한 얼굴을 돌리셔야 하는 곳에
서
제가 만족하지 않도록.

힘을 주시기를 구하나이다,
길이 보이지 않을 때 잠잠히 기다릴 힘을.
제 발은 서두르는데 어느 완강히 닫힌 문이
제 뜨거운 열심에게 늦추라 명하거나
어느 샛길로, 그 헤매는 걸음을 돌리게 할 때에.

힘을 주시기를 구하나이다,
인생의 모든 고결한 목적들을 위해
민첩하고 공정하며 진실하게 살아갈 힘을.
제 자신과 제 섬김을 모든 것에 줌으로써

인생길을 살아 낼 제 기반을 새롭게 할 힘을.

오, 하나님, 힘을 주시기를 구하나이다,
인생의 사랑과 수고가 끝날 때
근심과 십자가와 짐들을 마침내 내려놓을 때,
더해 가는 기쁨 가운데―승리는 아니더라도
당신의 평화 안에서 죽을 수 있기를.

― 윌리엄 에드워드 비더월프, '힘을 주시기를 구하나이다'

그리스도인의 삶은 쉽지 않습니다. 오히려, 예수님은 그분을 따르고자 한다면 먼저 자기를 부인하고 십자가를 져야 하리라고 말씀하셨습니다. 그 시절 그곳에서 십자가란 고난과 치욕, 죽음을 뜻했습니다. 그러니까 예수님은 그분을 따르는 자들이 대가를 치러야 함을 경고하신 것입니다. 그들은 다른 사람들의 사랑과 존경을 받으려는 타고난 욕망을, 평안하고 근심 없는 삶을 추구하는 타고난 성향을 부인해야 했습니다. 그때 이후로 모든 그리스도인은 그분을 따르는 데 드는 대가를 따져 보아야 했습니다. 주를 위해 어떻게 고난 당할지를 고민하며, 그런 대가를 치를 만한 가치가 있는 일인지를 판단해야 했지요.모든 그리스도인은 평생에 걸친 시련과 슬픔과 심지어 박해를 견디면서 하나님께 의지하고 그분이 주시는 힘과 붙들어 주시는 은혜를 구해야 했습니다. 그리고 그런 그리스도 인들은 어김없이 발견해 왔습니다. 그들이 필요로 하는 것을 하나님께서는 기쁘게 공급해 주신다는 것을요.

짚어보기　　첫 연과 마지막 연은 하나님께 인생의 짐을 지기 위한 힘을 구하는 것입니다. 그 사이의 세 연은 하나님께 특정한 목적을 위한―주어진 의무에 충실하고, 잠잠히 기다리고, 고결하게 살기 위한―힘을 주시기를 구하는 것입니다. 이 시의 각운 패턴은 다소 복잡한 편입니다만, 주의 깊게 읽으면 알아볼 수 있을 것입니다.

묵상하기   마태복음 16:24; 디모데후서 2:8-13.

적용하기   시인은 고난과 시험과 불확실성을 마주하기 위해, 경건한 품성을 갖추고 끝까지 잘 살아 내기 위해, 힘을 주시기를 기도합니다. 당신은 인생의 이 시점에서, 언제 하나님의 힘이 가장 절실히 필요하다고 느낍니까? 하나님께서 힘을 주시기를 부지런히 구하고 있습니까?

5 기도하기 위해
마음을 준비하는 기도

주님, 제게 가르쳐 주소서,
경외함과 두려움으로, 제대로 기도하는 법을.
당신 앞에 티끌이며 재[灰]일지언정
제가 더 가까이 다가갈 수 있도록.

기도를 그친다면 저는 망할 것입니다.
오! 제게 기도할 힘을 허락해 주소서.
당신을 만나기 위해 준비할 때에
주님, 도중에 저를 만나 주소서.

죄에 찔리고 죄책감에 짓눌려
약하고 핍절하여 근심하는 가운데
밖에는 싸움, 안에는 두려움이니
주여, 제가 달리 어디로 가겠습니까?

은혜의 하나님, 당신께로
깨어지고 통회하는 마음을 가져가오니
주소서, 당신의 눈이 기쁘게 보시는 것을
마음속의 진실을.

깊은 겸손을 주소서.
경건한 슬픔의 감각을 주소서,
당신의 음성을 듣고 살려는
간절한 바람으로 우러르는 확신을

죄를 속죄할 수 있는
유일한 희생에 대한 믿음을 주소서,
그리스도께, 오직 그리스도께만
제 눈을 고정하고 제 사랑을 드리도록.

긍휼하심 오래 지체할지라도
지켜보고 기다리며 읍소할 인내심과
제 약한 영혼을 지키며
설령 목숨을 가져가신다 해도 당신을 신뢰할 용기를.

이런 것들을 주소서, 그러면 당신의 뜻이 이루어질
터이니
그리하여 온 힘으로 강해져서
당신의 영과 당신의 아들을 통해
기도하겠나이다, 전심으로 기도하겠나이다.

— 제임스 몽고메리, '마음의 준비'

기도는 모든 그리스도인의 소중한 특권이요 중요한 임무이며 큰 기쁨 중 하나입니다. 하나님께 구원받고 그분의 자녀가 된 우리에게는 이제 그분께 직접 아뢸 권리가 있습니다. 그분은 우리 기도를 들으실 뿐 아니라 응답해 주신다는 것을 우리는 확신할 수 있습니다. 그래서 우리는 성부 하나님께, 성령 하나님을 통해, 성자 하나님에 의지하여—우리를 대속하신 성자 하나님의 사역에 의지하여—기도합니다. 하지만 모든 그리스도인이 곧 알게 되는 것은 기도가 어려울 때도 있다는 사실입니다. 무엇을 어떻게 기도해야 할지 알기 어려울 수 있습니다. 또, 주님께 찬양과 고백과 간구를 아뢰기 위해 신뢰하며 경외하는 순복의 자세를 취하기가 어려울 수도 있습니다. 그러므로 먼저 하나님께 우리 기도를 도와 주시기를 구함으로써 겸손히 기도를 시작하는 것이 현명한 일이 될 것입니다.

짚어보기   넷째 연에서부터 시인이 하나님께 구하는 구체적인 요청들을 눈여겨보십시오. 진실, 겸손, 경건한 슬픔, 하나님의 음성을 듣고자 하는 강한 열망 등이 그것입니다.

묵상하기   빌립보서 4:6; 히브리서 4:16.

적용하기   기도는 특권이요 의무요 기쁨이며 성경은 하나님이 우리 기도를 듣기를 기뻐하신다고 약속하지만, 많은 그리스도인들이 여전히 기도하기 위해 씨름합니다. 당신은 현재의 기도 습관에 만족합니까? 당신은 어떤 면에서 더 성장하기를 원하며, 어떻게 그럴 수 있을까요?

6   죽음을 생각할 때의
기도

밤이 어둡다. 그러나 하나님, 내 하나님이
여기 계시며 다스리신다.
나는 확신한다, 동트면 아침에는
'육지에' 있으리라고.
어둠도 그에게는
가장 환한 대낮과 같음을 알기에
나는 내 인내의 닻을 던지며
소원하고, 다만 날이 새기를 기다리리.

폭풍이 드세게 몰아닥치나
바람도 파도도 그의 손에 있으니
전능하심을 신뢰함으로
내 두려움은 잔잔히 가라앉는다.
파선한다 해도 그의 신실한 손에 있으니
설령 죽이신다 해도 나는 그를 신뢰하리.
그러므로 믿음의 닻을 던지며
소원하고, 다만 날이 새기를 기다리리.

그래도 이 순간들이 처량하고 길어 보인다고?
나는 주께 의지하여
그의 '영원한 생명'을 묵상하며
그의 말씀으로 잔치를 벌인다.
그의 풍성하고 위대한 약속들이
나를 든든히 버텨 준다.

나는 소망의 닻을 멀리 던지며
소원하고, 다만 날이 새기를 기다리리.

오, 무한한 지혜여! 오, 신성한
빛과 지고의 사랑이여!
빛과 지고의 사랑이여!
내 어찌 잠시라도 의심할 수 있으리
당신의 다정하신 손안에서!
사랑하는 이여, 당신께 의지하리.
내 마음은 당신 마음에 기대어
사랑의 닻을 던지며
소원하고, 다만 날이 새기를 기다리리.

—작자 미상, '닻을 던지다'

죄가 이 세상에 들어온 이래로, 죽음은 보편적인 경험이 되었습니다. 우리 중 아무도 죽음을 피할 수 없으며, 아무도 그것을 막을 수 없습니다. 우리는 모두 인생의 종말에 이르러야 하고, 죽어서 하나님의 심판 앞에 서야 합니다. 죽음의 불가피성을 부인하고 그것을 늦추려고 별짓을 다 해 본들, 우리의 때는 어김없이 다가올 것입니다. 그러므로 우리는 죽음에 대해 숙고해야만 합니다. 언젠가 죽으리라는 사실에 대해, 또 어떤 상태로 죽기를 원하는지에 대해서도 깊이 생각해 보아야 합니다. 하나님께서 우리를 무지한 채로 버려 두지 아니하시고 죽음이 어떻게 크나큰 구원—죄와 슬픔, 질병, 이 세상에서 우리를 슬프게 하는 모든 것으로부터의 구원이지요—이 될 수 있는지 말씀해 주신다는 경이로운 사실을 묵상해야 합니다. 하나님의 강한 팔이 우리를 붙드시므로, 우리는 죽음을 거쳐 그분 안의 무한한 환희로 안전하게 넘어갈 수 있습니다.

짚어보기 저자는 이 시에서 인내, 믿음, 소망, 사랑 등 여러 단어를 대문자로 쓰고 있습니다. 이 단어들 하나하나가 말하자면 그가 폭풍 속에서 버티기 위해 의지하는 '닻'과도 같지요. 죽음이라는 현실을 앞에 두고 그에게 주님 안에서의 든든함을 주는 닻 말입니다.

묵상하기 빌립보서 1:21-26; 히브리서 9:27-28. 사도행전 27:29

적용하기 그리스도인들에게도 다가오는 죽음은 두렵거나 무서운 것이 될 수 있습니다. 당신은 죽는 것이 두렵습니까? 어떻게 하면 죽음의 불가피함 앞에서 의연할 수 있을까요?

7 하나님이 하시는 일과 그분의 길을 찬양하는 기도

산들을 지으신 이를 찬양하라.
강들을 채우신 이를 찬양하라.
저 머나먼 창공에 반짝이는
별들을 빛내신 이를 찬양하라.

아침을 만드시고 갓 태어난
햇살로 빛나게 하시는 이를 찬양,
내 지친 눈에 밤의 그늘을
커튼처럼 드리우시는 이를 찬양.

사랑으로, 그의 아들 그리스도 안에서
하늘 생명을 주신 이에게 찬양,
내 어둠 대신 빛을 주시고
내 캄캄한 밤을 낮으로 만드신 이에게.

은혜로 오시어 내 슬픔과 죄와 수치를
대신 담당하신 이에게 찬양,
죽기 위해 사시고 살기 위해 죽으사
하나님이 받으신 제물이 되신 이에게.

쇠사슬을 깨뜨리사
옥문을 여시고 멍에를 끊으신 이에게 찬양,
포로 된 자들을 풀어 주사
기쁨과 자유, 끝없는 해방을 주신 이에게.

내 마음속에 하나님의 사랑을
부으시는 이에게 찬양,
기쁨과 거룩함의 샘이신
모든 진리와 평화의 영에게!

성부 성자 성령께
이제 손 들고 무릎 꿇고서
여호와께 올려드리리,
죄인이 드리는 끝없는 찬양의 노래를.

— 호레이셔스 보나르, '찬양'

"지존하신 이여, 주께 감사하며 주의 이름을 노래하는 것이 좋으니이다"(시편 92:1). 여기서 시편 기자는 하나님께 너무나 명백한 진실을 말합니다. 그분께 감사를 드리고 그분의 이름을 찬양하는 것이 기쁨이고 즐거움이라고요. 하나님이 우리를 지으신 목적은 그분께 경배하는 것이니, 우리가 그렇게 하는 것이 선하고 마땅합니다. 우리가 하나님을 찬양할 때, 우리는 그분이 받기에 합당하신 그분의 몫을 드리는 것이니까요. 무엇에 대해 하나님을 찬양하느냐고요? 이 세상을 창조하시고 유지하시는 것에 대해, 그분의 아들과 그분의 영을 보내주신 것에 대해, 자기 백성을 구원하시고 성결케 하시는 것에 대해, 그 밖에도 너무나 많은 것에 대해서지요. 실로 우리는 하나님을 찬양하고 그분의 지극히 거룩한 이름을 경배할 이유를 이루 다 말할 수 없을 것입니다. 우리는 지금부터 가장 깊은 영원에 이르기까지 그분을 찬양할 수 있으며, 그분의 어떠하심과 그분이 하신 일에 대한 우리의 찬탄을 표현할 이유를 아무리 말해도 끝이 없을 것입니다.

짚어보기   호레이셔스 보나르는 스코틀랜드 목사이며 찬송가 작가로, 그의 형제

앤드류 역시 탁월한 크리스천 지도자였습니다. 긴 사역 동안 호레이셔스는 많은 찬송가와 시를 썼으며, 그중 대표적인 것이 「주 예수 말씀 들으니 I Heard the Voice of Jesus Say」「양 떼를 떠나서 I Was a Wandering Sheep」(새찬송가 277장) 등입니다. 그의 작품들은 오늘날까지도 널리 알려져 있습니다.

묵상하기 시편 92:1-4; 시편 147.

적용하기 당신은 기도할 때, 자연스럽게 하나님을 찬양합니까 아니면 청원을 합니까? 그분이 어떠하심과 그분이 하신 일에 대한 찬탄을 표현합니까, 아니면 당신의 필요와 소원을 아룁니까? 이것은 주님 앞에서 당신의 마음 자세에 대해 무엇을 말해 줄까요?

8

하나님의 주권에 대한 신뢰의 기도

하늘의 주권적 통치자여,
영원한 은혜와 지혜가 당신께 있사오니
제 모든 때가 당신 손에 있으며
모든 사건이 당신 명을 따릅니다.

땅을 지으신 이의 규례가
제 태어남과 거듭남을 정하셨으니
부모와 장소와 시기
모든 것이 그분의 결정이었습니다.

모태에서 제 형질을 지으신 이가
무덤까지 저를 인도하시리니
제 모든 때가 그분의
지혜로운 규례를 따를 것입니다.

병들 때나 건강할 때
가난할 때나 부유할 때
시련과 슬픔의 때나
승리와 안도의 때

유혹자의 힘이 증명될 때나
구주의 사랑을 맛볼 때
모든 때가 제 친구 되신 주의 뜻대로
왔다가 머물다가 지나갈 것입니다.

제 주위에서 역병과 죽음이 떠돌아도
그분이 명하시기 전에는 죽을 수 없으니
화살 하나도 저를 맞히지 못할 것입니다,
사랑의 하나님이 허락하시기 전에는.

오, 은혜롭고 지혜롭고 공의로우신
당신의 손에 제 삶을 맡기오니
제게 더 소중한 무엇이 있겠습니까?
그것마저 당신 뜻에 맡기나이다.

부디 당신 손을 붙들고
마지막까지 든든히 서게 하소서.
당신만이 하나님이심을 알게 하소서,
저와 제 모든 것이 당신 것임을.

언제까지나 주를 송축하리이다.
당신을 가짐으로 모든 것을 가진
제게 무엇이 부족하겠나이까?
당신께서 저를 떠나시지 않는데?

— 존 라일랜드, '하나님의 규례'

하나님은 성경에서 자신을 주권자로 드러내십니다. 주권이라는 말은 지
상권至上權과 권위를 뜻합니다. 하나님은 온 세상에서 으뜸 되시니―다
른 모든 존재보다 뛰어나시니―이는 그분이 세상보다 먼저 계셨고 세상
을 지으신 분이시기 때문입니다. 하나님은 또한 이 세상과 그 안에 사는
모든 사람과 모든 피조물에 대하여 전적인 권위를 가진 분이십니다. 이
것은 그분이 이들에게 명령을 내리고 책임을 물을 권리를 지니셨다는 뜻

입니다. 이것은 또한 그분이 사건과 행동을 결정하시고 그것들이 반드시 그분이 정하신 대로 일어나게 하실 권리를 지니셨다는 뜻이기도 합니다. 만일 이것이 사실이라면, 우리는 건강하든 병들었든, 부유하든 가난하든, 즐거울 때든 곤고할 때든, 우리 삶의 상황을 결정하시는 분이 우리를 사랑하시는 아버지 하나님이심을 항상 확신할 수 있습니다. 무슨 일이 있어도 그분이 주권적 통치자이십니다.

짚어보기   마지막 연에서 시인은 '여의다bereavèd'라는 말을 씁니다. è라고 액센트를 찍은 철자는 이 과거분사 어미 ed가 사람 이름 Ed처럼 발음되어야 함을 나타냅니다. 그럼으로써 음절 하나가 더해져서 시의 운율이 지켜지는 것이지요. 그러니까 'be-REEVD'가 아니라 'be-REEV-ed'라고 읽어야 합니다.

묵상하기   이사야 40:9-17; 이사야 46:8-11.

적용하기   하나님의 주권을 생각하면 당신은 마음이 든든합니까? 두렵습니까? 화가 납니까? 하나님의 지혜, 거룩하심, 선하심 같은 속성들과 나란히 하나님의 주권을 묵상하는 것이 왜 그렇게 중요할까요?

9 고통의 때를 위한 기도

매를 치우소서,
분노를 거두소서,
오, 나의 하나님,
너그러우신 길을 취하소서.

제 마음의 소망은
당신을 향하오니,
온전한
용납을 원하옵나이다.

한 마디 말도 눈길도
감히 제 것이라 못하오니,
오직 책에
당신의 책에 의지할 뿐입니다.

실패하여 눈물 흘릴지라도,
설령 비틀거릴지라도,
저는
은혜의 보좌를 향해 기어갑니다.

그러니 분노를 거두시고
사랑으로 다스려 주소서.
오직 사랑으로만
돌 같은 마음도 피 흘릴 것입니다.

사랑은 발이 빠르고
사랑은 전쟁의 용사이니,
화살을 쏘아
멀리서도 맞힐 수 있나이다.

누가 그의 화살을 피하겠나이까?
당신을 맞혀 이 낮은 땅으로
당신을 데려온 그것은
반드시 제게도 맞아야 합니다.

매를 치우소서,
인간은 연약하나
당신은 하나님이시니
분노를 거두소서.

– 조지 허버트, '연단'

그리스도인들이 받아들이기 힘든 진실 중 하나는 우리의 죄와 불순종으로 인해 하나님이 우리를 징계하실 때가 있다는 것입니다. 우리로 하여금 죄에서 떠나 하나님께 순종하는 자리로 돌아가게 하기 위해 다소간의 연단을 주시는 것이지요. 하나님이 우리를 이런 식으로 다루시는 것은 분노나 미움 때문이 아니라 사랑 때문입니다. 그분은 우리를 사랑하는 자녀로 다루십니다. 히브리서 저자는 "어찌 아버지가 징계하지 않는 아들이 있으리요?"라고 묻고, 조금 뒤에서는 하나님의 목적을 이렇게 설명합니다. "무릇 징계가 당시에는 즐거워 보이지 않고 슬퍼 보이나 후에 그로 말미암아 연단 받은 자들은 의와 평강의 열매를 맺느니라"(히브리서 12:7, 11). 우리가 시련이나 고난의 때를 겪게 되는 데는 여러 가지 이유가 있을 수 있지만, 우리는 겸손한 마음으로 기도하며 하나님께 여쭤보아야 합니다. 우리가 고백하고 제거하기를 거부하는 어떤 죄를 일깨워 주시는 것이 아닌지 말입니다.

짚어보기   이 기도는 당신이 현재의 고난—육신이나 정신 또는 영혼의 고난—이 이제 깨닫고 고백한 죄와 연관되어 있음을 인정했다고 상정합니다. 그래서 하나님께 부디 징계의 손을 거두시고 사랑으로 대해 주시기를 간구하는 것이지요.

묵상하기   잠언 12:34; 히브리서 12:1-11.

적용하기   죄에 대한 징벌(이것은 그리스도께서 십자가에서 죽으심으로 완전히 충족되었습니다)과 징계(이것은 죄의 결과로, 하나님께서 우리의 유익을 위해 우리 삶 가운데 허락하시는 것입니다)를 구별하는 것이 중요합니다. 당신이 미처 깨닫지 못하는 또는 고백하지 않은 죄에 대해 당신을 징계하시는지도 모른다는 것이 마음에 걸립니까? 고난을 겪을 때 그것이 죄의 결과인지 아니면 전혀 다른 어떤 원인 때문인지 어떻게 알 수 있을까요?

⭘10 하나님을 원하고
기뻐하는 기도

위대하신 하나님, 그 홀ॐ로 온 땅을 다스리시는 이
여,
당신에 대한 경외가 제 마음에 배어들게 하소서.
거룩한 환희에 취하여
당신의 선하심을 선포할 수 있도록
제 입을 열어 주소서. 온전히 찬양할 수 있도록
나의 하나님 나의 왕께.

위대하신 하나님, 당신의 동산이 훼손되어
잡풀이 무성하고 당신의 꽃들이 시들어 가오니
지난날 하신 약속을 기억하소서.
풀을 베어 버리사 꽃들을 소생케 하소서.
그러기까지 가장 하찮은 꽃도
잡풀의 기세에 눌리지 못하게 하소서.

주여, 어떤 경우에나 당신은 변함없이
제 소망이 피하는 산성이시오니
당신이 그처럼 싫어하시는 모든 악을
제 영혼이 미워하고 피하게 하소서.
주여, 당신의 은혜로운 재판이
저를 옳다 하시도록, 저를 바르게 이끌어 주소서.

그 자비가 시들거나 사라지지 않는
빛의 샘이시요 생명의 숨결이시여,

죽지 않는 생명으로 저를 채워 주소서.
그늘 없는 빛으로 저를 채워 주소서.
제 남은 날들을 정하사
당신의 권능을 보고 당신을 찬양하게 하소서.

만왕의 왕이신 하나님, 당신의 보좌 앞에서
폭풍도 불도 그칩니다! 오, 무엇이
저희 것이기에 하늘에 돌려드리리까,
온 세상이 당신 것인데?
저희가 드릴 것이라고는
상한 마음과 찬양뿐이옵니다.

오, 당신은 천국에 좌정하사 보시오니
제 겉의 행동과 속의 생각들을 모두 보시오니
당신이 저의 왕이시요 제사장 되소서—
제 영혼에 명령하시고 저의 죄를 고치소서.
제 고통이 아무리 쓰라리다 해도
상관하지 않으리니, 저는 당신께로 올라갑니다.

제가 소유한 것도 탐내는 것도
제게는 아무 만족도 주지 못합니다.
제가 가진 것이나 가질 것이
당신 안에서 소유되고 축복되지 않는다면—
제가 누리는 은혜가 참으로 제 것 되게 하사
그 은혜를 소유한 저 또한 주님의 소유로 만드소서.

인생의 겨울이 여름날 벗들의
고운 이마 흐릴 때—정든 눈빛 식을 때—
약속한 믿음이 맹세를 잊을 때

땅과 그 안의 모든 것이 변할 때—
오, 주여, 당신의 자비는 변치 않사오니—
당신의 사랑은 영원하시나이다.

위대하신 하나님, 당신의 나라는 무궁하며
당신의 비밀은 아무도 파헤칠 수 없사오니,
아무도 당신의 자비를 다 알 수 없으며
아무도 당신의 정의를 깨닫고 살 수 없사오니,
제 둔한 마음이 감히 알고자 바랄 수 없는 것을
주여, 제게 찬미하는 법을 가르쳐 주소서.

– 존 퀼스, '경건한 열망'

하나님은 은혜로 우리를 구원하실 때, 우리 안에서 놀라운 변화를 일으키십니다. 우리는 그분이 우리를 안에서부터 밖으로 변화시키신다는 것을 곧 알게 됩니다. 처음에는 좀 더 단정한 언행, 악습의 절제 등 밖으로 드러나는 변화만으로 그분을 만족시킬 수 있으리라고 생각할지도 모르지만, 그분은 훨씬 더 근본적이고 철저하고 진정성 있는 변화를 이루고자 하십니다. 그분은 마음속에서부터, 우리의 가장 깊은 동경과 가장 절실한 욕망의 수준에서부터 우리를 변화시키고자 하십니다. 얼마 안 가 우리는 이전에 탐나던 것들이 별로 탐나지 않게 되고, 전에는 돌아보지도 않던 것들이 이제는 가장 바라고 구하는 것이 된다는 사실을 알게 됩니다. 하나님이 우리에게 경건한 열망을 주신 것입니다. 그분을 두려워하고, 그분을 사랑하고, 그분을 섬기고, 그분께 순종하고, 모든 일을 그분의 영광을 위해서 하고자 하는 열망 말입니다.

짚어보기 이것은 이 시집에 실린 다른 시들보다 약간 더 길고 더 복잡한 시입니다. 하지만 주의 깊게 반복하여 읽어 보면 시인이 하나님께 좀 더 순수한 영적인 열망을 주십사고 어떻게 구하는지 보게 됩니다.

하나님을 원하고 기뻐하는 기도

묵상하기 고린도후서 5:17; 로마서 12:2.

적용하기 당신은 그리스도인이 된 이후로 마음의 소원이나 욕망이 어떤 식으로 달라지는 것을 경험했습니까? 여전히 주님 앞에 가지고 나가 그분의 용서하시고 변화시키시는 손길을 구하는 어떤 죄 된 욕망이나 소원이 남아 있습니까? 만일 하나님에 대한 열망이 식는 것을 느낀다면, 이 시의 어떤 대목 또는 어떤 이미지들을 떠올리면서 하나님에 대한 열심을 되살릴 수 있겠습니까?

11
그리스도의 십자가를
묵상하는 기도

저는 돌입니까, 양이 아니라?
오, 그리스도여, 당신의 십자가 아래 서서
천천히 떨어지는 당신의 핏방울을 세면서
울지 않을 수 있다니요?
넘치는 슬픔으로 당신을 애통해하던
그 여자들은 그처럼 사랑하지 않았는데,
실족한 베드로도 쓰라리게 울었는데,
십자가의 강도도 마음이 움직였는데,
해도 달도
별 없는 하늘에서 얼굴을 숨겨
백주대낮에 무서운 어둠이 덮였는데—
저는, 저만은
끄떡하지 않습니다.
하지만 당신의 양을 찾으소서, 참되신 목자여,
모세보다 크신 분이시여, 다시 한번 돌아보사
바위를 깨뜨리소서.

—크리스티나 로세티, '성 금요일'

시간을 내어 그리스도의 십자가를—하나님의 아들이 인간의 죄를 대신
지고 그 형벌을 받으셨다는 놀라운 신비를 묵상하는 것이 좋습니다. "하
나님이 죄를 알지도 못하신 이를 우리를 대신하여 죄로 삼으신 것은 우
리로 하여금 그 안에서 하나님의 의가 되게 하려 하심이라"(고린도후서

5:21)라는 것을 생각해 보는 것이 좋습니다. 우리를 구원하시기 위해 그런 고난과 고뇌를 기꺼이 담당하신 사랑을 생각해 보는 것이 좋습니다. 그런 다음, 이 역사적이고 영적인 사실에 더 이상 마음이 찔리지 않을 때가 얼마나 많은지, 십자가 대속이 필요할 만큼 흉악한 죄를 멀리하지 못할 때가 얼마나 많은지, 하나님의 영광을 위해 살려는 열심이 시들해질 때가 얼마나 많은지, 그리고 우리의 굳어진 마음이 애통과 감격과 경배의 눈물로 녹아지지 않을 때가 얼마나 많은지 생각해 보는 것이 좋습니다. 이 기도는 참 목자이신 예수님이 우리 마음의 완악함을 깨뜨리사 그분이 대속하신 우리 죄를 진정 뉘우치게 해주시기를 구하는 기도로 끝납니다.

짚어보기 보통과 다른 각운 체계를 찾아 음미해 보십시오. 또한, 우리 각 사람을 위한 그리스도의 고난을 보며 감격하여 경배하는 사람, 존재, 사물들을 찾아내 꼽아 보십시오.

묵상하기 로마서 8:32; 갈라디아서 3:13.

적용하기 당신은 그리스도께서 십자가에서 하신 일을 생각하며 얼마나 자주 마음이 찔립니까? 또는 아무 느낌도 들지 않습니까? 어떻게 하면 그리스도의 고난과 죽음과 대속적 희생을 항상 생각하며 살 수 있을까요?

12 인간의 연약함과 필멸_{必滅}을 묵상하는 기도

저의 앞날이 당신 손에 있나이다!
한 날이 심지어 한 시간이
제게 무엇을 가져올지 알지 못하오나
당신을 신뢰하므로 안전하나이다.
모든 것이 시들어 사라진다 해도
약하디약한 제가
의지하는 그분은
땅을 다지시고 별하늘을 펼치신 분이시오니

저의 앞날이 당신 손에 있나이다!
뼈저린 가난이나 부유함도
쑤셔 대는 근심이나 고요한 안식도
화창한 봄날이나 눈 내리는 겨울도
병들어 눕거나 힘차게 다닐 때나—
무슨 일이 닥쳐도
하나님이 주심은 최선을 위함이니
제가 다른 것을 원치 아니하나이다.

저의 앞날이 당신 손에 있나이다!
순수한 우정이 환히 비추며
제 길에 어여쁜 꽃을 뿌린다 해도
아니면 제 인생의 처량한 때를
고독의 어두운 그늘 속에 보낸다 해도
당신은 제 벗이오며

시간의 종말까지 한결같으시니
당신 안에 모든 아름다움이 어우러지나이다.

저의 앞날이 당신 손에 있나이다!
제 날이 많든 적든
당신께 맡기오니―구할 것은 단 한 가지.
당신의 은혜로 날마다
당신을 찬양하기에 힘쓰며
당신을 맞이할
준비가 되기를.
당신이 언제 제 영혼을 해방하러 오신다 해도.

저의 앞날이 당신 손에 있나이다!
그 날들이 어떻게 끝나든
이르든 늦든 고뇌롭든 평화롭든
제 영혼의 놓임이 어떻게 오든 간에
저는 벗 되신 그리스도와 함께 안전하나이다.
그분이 가까이 계시면
제가 어떻게 죽든
천상지복의 시작일 것입니다.

저의 앞날이 당신 손에 있나이다!
잠에 취한 이 진토의 육신을
당신께 맡기나이다,
모든 죽은 자들이 당신 호령에
진토에서 깨어나 당신 앞에 서기까지.
얼마나 큰 복락이 될까요
당신을 바라보며
당신의 모든 성도들과 함께 영원을 보낸다는 것은!

영원을 보낸다는 것은!
천상의 구름 없는 빛 속에서
슬픔과 죄, 연약함에서 벗어나
당신을 바라보며 당신을 닮아간다는 것은―
오, 너무나 황홀한 광경입니다!
육신으로 감당하기에
너무 아름다운 전망입니다!
서두르소서! 주여! 지체 말고 저를 그곳으로 이끄소
서!

  ―크리스토퍼 뉴먼 홀, '저의 앞날이 당신 손에 있나이다'

우리는 연약하고 유한한 존재입니다. 흙으로부터 창조되어, 살다가 죽어서 흙으로 돌아갑니다. 전도자가 오래전에 말했듯이, "육신은 원래 왔던 흙으로 돌아가고 영은 그것을 주신 하나님께로 돌아가니" "헛되고 헛되도다 모든 것이 헛되도다"(전도서 12:7-8)라고 할 만하지요. 이 세상은 우리에게 많은 즐거움을 줄 수 있고, 하나님은 우리가 그것들을 누리며 즐기기를 바라십니다. 하지만 그것들이 일시적이고 덧없는 것들임을 결코 잊어서는 안 됩니다. 언젠가는 하나님이 우리를 부르실 테고, 그러면 우리는 이 세상을 떠나 그분의 심판대 앞에 서게 될 테니까요. 태어나는 순간부터 죽는 순간까지, 우리의 시간은 하나님의 손안에 있습니다. 우리는 장래 일을 알지 못하며, 아무리 애를 써도 그것을 제 뜻대로 좌우하지 못합니다. 그러니 "시초부터 종말을 아시고 아직 이루지 않은 일을 옛적부터 보이시는" 하나님께, "나의 뜻이 서고 나의 모든 기뻐하는 것이 이루리라"(이사야 46:10)고 선포하시는 그분께 맡기는 것이 훨씬 좋은 일입니다.

짚어보기　　　각 연이 동일한 시행으로 시작하는 것을 눈여겨보십시오. 마지막 연만이 예외지요. 시인이 왜 마지막 연만을 다르게 시작했는지 생각해 보십시오.

묵상하기   시편 31:14-18; 잠언 19:21.

적용하기   당신은 어떻게 당신의 앞날을 하나님께 맡깁니까? 이 기도가 우리에게 상기시키는 대로, 당신의 앞날이 그분의 손에 있으므로 그분을 찬양합니까? 이것이 앞날의 고난이나 슬픔, 시련에 대한 당신의 태도를 어떻게 변화시킬까요?

13 하나님께서 말씀을 조명해 주시기를 구하는 기도

자비의 하나님, 당신의 말씀 안에서
무궁한 영광이 빛납니다!
이 천상의 구절들로 인하여
당신의 이름이 영원히 높임 받으소서.

눈먼 자도 주린 자도 여기에 와서
빛과 양식을 받게 하소서.
가장 비천한 객도 여기에는 들어올 수 있으니
말씀을 맛보고 눈이 열려 생명을 얻을 것입니다.

여기서 위로의 샘이 솟아나
꺼져 가는 마음에 새 힘을 주니,
목마른 영혼이 해갈하고
시원함을 얻을 것입니다.

여기서 대속자의 반가운 음성이
하늘의 평화를 퍼뜨리니
생명과 영원한 기쁨이
그 복된 소리에 함께합니다.

오, 부디 이 신성한 글귀들이
언제까지나 제 소중한 보배가 되어
여기서 항상 새로운 아름다움을 보게 하소서,
새롭게 더해 가는 빛을.

거룩한 교사이신, 은혜로우신 주여,

언제까지나 제 곁에서 가르쳐 주소서,

당신의 거룩한 말씀을 사랑하도록

여기서 제 구주를 뵈옵도록.

— 앤 스틸, '자비의 아버지, 당신의 말씀에서'

하나님께 구원을 받고, 성령께서 우리 안에 내주하심에도 불구하고, 우리는 여전히 어떻게 그분을 기쁘시게 하고 영화롭게 할 수 있을지를 그분께 의지하며 배워야 합니다. 우리는 갈급한 심정으로 열심히 성경을 읽지만, 우리가 성경에서 유익을 얻으려면 그분의 도우심이 있어야 한다는 것을 잘 압니다. 그러므로 개인적 경건의 시간에나 가정 예배 때나, 또는 설교자가 성경을 펼쳐 그 진리를 선포할 때나, 우리는 항상 하나님께서 우리에게 말씀을 조명해 주시기를 구함으로써 들을 준비를 해야 합니다. 우리 마음을 열어 말씀을 이해하고 받아들이고, 무슨 명령을 하시든 기꺼이 순종할 수 있도록 말입니다. 아마도 가장 좋은 것은 시편 기자처럼 기도하며 그분의 말씀이 우리 마음속에서 우러나게 하는 것이겠지요. "내가 주의 법을 어찌 그리 사랑하는지요 내가 그것을 종일토록 작은 소리로 읊조리나이다"(시편 119:97). 만일 우리가 진정으로 하나님의 말씀을 사랑한다면, 분명 그분의 말씀에 순종할 테니까요.

짚어보기   앤 스틸은 침례교 찬송시를 많이 썼는데, 초기작들은 시오도시아라는 필명으로 발표했습니다. 결혼하지 않았고 자녀도 없었기 때문에, 글쓰기와 묵상에 많은 시간을 바쳤지요. 그녀의 찬송시들에는 그녀가 주님과 누렸던 친밀한 관계가 잘 드러나 있습니다. 오늘날까지 찬송가로 불리는 시는 그리 많지 않지만, 그녀는 당대의 가장 탁월한 여성 찬송시 작가들 중에 손꼽혔습니다.

묵상하기   시편 119:33-40; 디모데후서 3:16-17.

적용하기   우리는 왜 하나님께서 우리에게 하시는 말씀을 사랑하고 이해하기 위해 성령님의 조명이 필요할까요? 당신은 성경을 사랑합니까? 시편 기자가 성경을 통해 하나님과 소통하고자 하는 열망을 표현할 때, 당신은 그에게 공감합니까? 만일 그렇지 않다면, 당신의 삶 속에 어떤 훈련을 도입하는 것이 도움이 될까요?

하나님께서 말씀을 조명해 주시기를 구하는 기도

14 어려운 시절을 위한 기도

저는 지쳤고, 아주 외롭습니다.
생각하고, 또 생각할 뿐
영혼을 축일
물이라도 좀 있으면 좋으련만.

그리고 일어나
눈에는 빛을 담고
이마에는 소망의 관을 쓰고
기쁨의 힘으로 대지를 거닐 수 있다면.
지금처럼
슬픔으로 무뎌져 집에만 머물지 않고!

하지만 주님, 당신의 자녀인 저는
슬퍼하겠습니다, 당신이 원하시는 만큼.
이대로 앉아서, 기쁘기를 구하지 않겠습니다,
당신이 슬픔에게 떠나라 명하시기까지는.
가까이 다가오셔서
당신의 힘찬 생기로
제 안에 당신 생명을 일깨워 주시기까지는.

— 조지 맥도널드, '어려운 시절'

살다 보면 우리 영혼이 지쳐 주저앉는 때가 있습니다. 슬픈데 왜 슬픈지

조차 알지 못할 때도 있습니다. 우리의 자연스러운 바람은 그런 슬픔의 때를 되도록 빨리 지나 그 너머에 있을 기쁨으로 넘어가는 것이지요. 하지만 잠시 멈추어 자문해 보아도 좋을 것입니다. "내 영혼아 네가 어찌하여 낙심하며 어찌하여 내 속에서 불안해하는가?"(시편 42:5)라고요. 모든 슬픔이 잘못된 것도 아니고, 모든 슬픔을 되도록 빨리 극복해야 하는 것도 아닙니다. 어쩌면 주님께 내려놓아야 할 짐을 내려놓지 못하기 때문에 슬픈 것일 수도 있습니다. 죄를 지었는데 자복하지 못해 슬플 수도 있을 테고, 그저 산다는 게 힘에 겨워 슬플 수도 있겠지요. 하지만 슬픔 속에서도 주님을 기다리며 그분의 말씀을 묵상하면 도움이 됩니다. 우리 영혼에게 이렇게 타이르는 것입니다. "너는 하나님께 소망을 두라 나는 나의 구원이신 그분을 여전히 찬양하리라"(시편 42:5).

짚어보기　이 시는 시인이 주님께 자기 처지를 있는 그대로 아뢰는 데서 시작하여 그 슬픔을 그분의 돌보심에 맡기는 데로 나아갑니다. 시인이 슬픔의 때를 서둘러 지나가기를 원치 않는 것은 하나님께서 그 슬픔을 통해 그의 마음속에서 이루고자 하시는 어떤 유익을 놓칠까 해서입니다. 그는 세상 즐거움을 추구함으로써 굳이 행복을 얻으려 하기보다는, 하나님께서 거룩한 행복에 불붙여 주시기까지 기다리려 합니다.

묵상하기　시편 42; 시편 63

적용하기　당신은 당신의 슬픔을 통해 하나님께서 무엇인가를 이루고 계셨던 때를 기억할 수 있습니까? 만일 당신이 그 슬픔을 주님께 가져가지 않고 서둘러 지나가 버리려고만 했다면, 어떤 소중한 것을 놓치게 되었을까요?

15 길 잃은 영혼들의 구원을 위한 기도

기도하지 않는 이들을 위해 기도하나이다!
구원의 날을 헛되이 보내 버린 이들
제가 사랑하는, 당신을 사랑하지 않는 이들을 위해—
제 슬픔과 그들이 처한 위험을 불쌍히 여기소서.

그들을 위해 숱한 눈물이 뿌려졌건만,
그들의 머리에 축복이 내려졌건만,
당신 백성의 자녀들을
하나님 없는 삶, 소망 없는 죽음에서 건져 주소서.

들어주소서, 아비들과 어미들의 기도
멀리 떠난 아들과 딸을 위한 기도를—
형제가 형제를, 친구가 친구를 위해 드리는 기도를—
뒤섞여 올라가는 저희의 모든 기도를 들어주소서.

당신의 은혜로운 말씀을 오래전부터
들었건만 여전히 무시하는 이들을 위해 기도하오니,
짐짓 지나쳐 버린 부르심과 지키지 않은 맹세로
완악해진 마음을 부드럽게 하소서.

주정뱅이를 그 묶임에서 풀어 주소서.
헛된 쾌락에 속은 자들을 깨어나게 하시고
음욕의 노예들을 해방하시며
방황하는 자들을 집으로 인도하소서.

소망 없는 자들에게 힘을 주시고, 의심하는 자들을
인도하시며
길 잃은 자들을 회복하시고, 아무도 밖으로 내쫓지
마소서.
멀리 떠나간 모든 이를 위해 기도하오니
저도 한때 그들만큼이나 멀리 떠나 있었기 때문입니
다.

－크리스토퍼 뉴먼 홀,
'기도하지 않는 이들을 위해 기도하나이다'

믿음으로 그리스도께 나아온 우리는 우리가 사랑하는 이들도 그분께로
나아오게 되기를 바라게 됩니다. 그들도 자기 영혼의 위태로운 상태를
깨닫고, 예수 그리스도의 아름다움을 보며 복음을 믿게 되기를 간절히
바라게 되는 것이지요. 우리는 기도를 배우자마자 이런 소원을 하나님
께 아뢰기 시작합니다. 우리는 하나님께서 그들에게 죄를 깨닫게 해주시
기를, 하나님을 거역한 데 대한 뉘우침을 주시기를, 그리하여 그들이 하
나님의 자비를 구하도록 인도해 주시기를 기도합니다. 우리는 그들이 그
리스도께서 하신 일에 대한 좋은 소식을 받아들일 수 있도록 하나님께서
그들의 돌 같은 마음을 부드럽게 하시고 연한 마음을 주시기를 기도합니
다. 우리는 하나님만이 사람을 회개의 자리까지 이끄실 수 있음을, 하지
만 길 잃은 자들을 구원하시는 것이 그분의 큰 기쁨임을 또한 확신하며,
겸손한 믿음으로 기도합니다. 하나님은 "아무도 멸망하지 아니하고 다
회개하기에 이르기를"(베드로후서 3:9) 원하시니까요.

짚어보기　　　크리스토퍼 뉴먼 홀은 간단히 뉴먼 홀이라고도 불리는데, 19세기 중후
반에 걸쳐 영국의 비국교도 목사로 일했습니다. 그는 재능 있는 설교자
로 유명했습니다. 그는 헌신적인 노예폐지론자로 미국의 노예제 폐지를
위해 힘썼으며, 자신의 뜻을 알리고자 자주 미국을 여행했습니다. 그는

많은 책을 썼는데, 그 중 하나인 『순례의 노래 *Pilgrim Songs*』는 그가 "운율 있는 명상"이라 부른 것들을 모은 책입니다.

묵상하기 베드로후서 3:8-10; 누가복음 15:3-7.

적용하기 당신은 아직 주님을 모르는 주위 사람들을 위해 기도합니까? 길 잃은 자들을 찾으시고 구원하시는 것이 하나님의 큰 기쁨임을 확신하며, 겸손한 믿음으로 기도합니까? 당신이 하나님의 자비를 받기에 좀 더 자격이 있다거나 더 적합하다는 기분이 조금이라도 있습니까? 이 기도를 드리면서, 마음속에 특정한 한두 사람을 떠올려 보십시오.

16 하나님의 인도하심을 구하는 기도

내 기도하지 않으리,
인생이 편안한 꽃밭에서 지나가기를.
다만 기도하노니, 그리스도께서
폭풍 이는 바다 건너 인도해 주시기를.

내 기도하지 않으리,
내 순례의 길에 꽃들이 피어나기를.
다만 기도하노니, 그리스도께서
내 걸음 인도하사 길 잃지 않게 해주시기를.

당신이 저를 손잡아 이끄시고
저의 떨리는 걸음 인도하시면
당신을 위해, 오, 그리스도여,
쓴 것도 단 것도 기쁘게 마시겠나이다.

내 삶이 평안이든 고통이든 어떠랴,
잠시 짐깐이면 지니갈 터이니.
내 원하노니, 내 가는 길이
하늘나라 영원한 기슭에 이르기를.

— 찰스 에버트 오어, '구주여, 저를 인도하소서'

인생은 우리를 수많은 갈림길로 데려갑니다. 오른쪽으로 돌지 왼쪽으로 돌지 결정해야 하는, 이 길 아니면 저 길을 택해야 하는 수많은 상황들이 있습니다. 우리가 그런 선택 앞에 설 때, 선하신 하나님은 그분의 말씀과 그분의 영으로 우리에게 지침을 주시며, 그분을 영화롭게 하는 결정을 하도록 이끄십니다. 그럴 때 우리는 좀 더 편해 보이는 길, 힘든 일은 적고 기쁨은 클 것 같은 길을 택하는 경향이 있습니다. 하지만 우리의 주된 관심은 우리 자신의 편안함이 아니라 하나님께서 우리 안에서 우리를 통해 영광 받으시는 것이 되어야 합니다. 우리는 주님을 위해서라면 기꺼이 어디든 가고 무슨 일이든 해야 합니다. 그분이 우리와 함께하시며 우리를 인도하시고 지도하시고 축복하시리라는 것을 아니까요. 그러므로 그리스도인의 기도는 이런 것이라야 할 것입니다. "하나님, 그리스도께서 제 곁에 계시겠다고 약속해 주시기만 한다면, 당신의 이름을 영광스럽게 할 무슨 일이든 하겠습니다."

짚어보기   오어가 사용하는 "편안한 꽃밭"이라는 문구는 아이작 와트의 유명한 찬송가 「십자가 군병 되어서 Am I a Soldier of the Cross」(새찬송가 353)에서 가져온 것입니다. 이 찬송가에서 와트는 이렇게 묻지요. "다른 이들은 상 얻고자 싸우며 / 피바다를 헤치고 나아가는데 / 나는 편안한 꽃밭에 누워 / 하늘로 실려 가야 할까(뭇 성도 피를 흘리며 / 큰 싸움 하는데 / 나 어찌 편히 누워서 / 상 받기 바랄까)." 오어는 그 밖에도 동일한 문구와 은유들을 사용하여 자신의 시가 와트의 시에 화답하는 것임을 명백히 했습니다.

묵상하기   시편 23; 이사야 43:2

적용하기   당신의 가장 깊은 열망은 하나님을 영화롭게 하는 것입니까? 설령 그것이 고생과 고통과 고난을 가져오는 일이라 하더라도? 아니면 하나님을 섬기고자 하는 당신의 열망은 고생이 시작되는 바로 그 지점에서 끝나 버립니까? 당신도 시인과 함께 "당신을 위해, 오, 그리스도여, 단 것도 쓴 것도 기쁘게 마시겠나이다"라고 말할 수 있습니까? 그리스도께서 당신을 어디로 이끄시든 그분을 따르는 기쁨을, 그리고 그렇게 따를 수밖에 없음에 대해 묵상해 보십시오.

17 용서받은 것처럼 용서하기 위한 기도

"우리가 용서한 것처럼 우리 죄를 용서해 주옵소서"
아, 주님, 누가 그 기도를 드릴 수 있겠습니까?
나머지 기도는 기꺼이 드리지만
저는 거기서 마음이 찔려 머뭇거립니다.
그 가장 중요한 시험에서 생각나는 것입니다,
감히 입 밖에 내지 못한 증오심이.

"우리가 용서한 것처럼"이라고요! 오, 하늘에 계신
주님,
제가 어떻게 용서하고 잊을 수 있겠습니까,
치명적인 독을 바른 화살이
아직도 제 마음속에 박혀 있는데?—
한때 관대한 사랑을 주장하던 이들의
거짓된 손으로 겨냥한 날카로운 화살이.

불쌍히 여기소서, 오, 복되신 그리스도여,
사랑을 미움으로 갚은 자들에 대한
제가 준 선물을 조롱한 자들에 대한
제 쓰라린 기억을 꾸짖지 말아주소서.
사랑하는 주님, 제 헤아릴 수 없는 죄악을
당신만이 아시오니

우리를 용서해 주옵소서, 주님. 그들의 죄가
제가 당신께 지은 죄보다 더하겠습니까?

당신의 길이 참으시는, 일방적인 사랑이
바다처럼 끝없는 당신의 긍휼이
상하신 옆구리와 못 박힌 손에서 흐르는 보혈이
향유와도 같이 제 아픔을 아물게 합니다.

부끄럽고 뉘우치며 무릎 꿇사오니
오, 저의 죄들을 잊어 주신 당신께서
당신 사랑으로 도와주소서.
제게 죄 지은 자를 용서할 수 있도록
주님의 그 기도를 다시 드리며
감사하는 마음으로 "아멘" 할 수 있도록.

― 메리 B. 슬라이트, '시험'

주님은 자기 자녀들에게 많은 어려운 일들을 요구하십니다. 죄를 버리고 거룩함을 추구하라 하시고, 그분을 따르기 위해서라면 부모형제라도 버리라고 하시며, 돈은 자기 욕망을 채우는 데 쓰지 말고 그분의 목적에 맞도록 잘 관리하라고 하십니다. 그런데 그중에서 아마 가장 어려운 일은 용서하기―우리에게 상처를 주고 해를 입히고 악을 행한 자들을 용서하기일 것입니다. 우리는 "우리가 우리에게 죄 지은 자를 사하여 준 것 같이 우리 죄를 사하여 주시옵고"(누가복음 11:4)라고 주의 기도를 드립니다. 하나님의 은혜로 값없이 용서받은 자로서, 우리는 다른 사람들을 용서해야 합니다. 하나님께서 우리에게 베풀어 주신 긍휼을 다른 사람들에게도 베풀어야 하는 것입니다. 이것은 쉬운 일이 아니지만, 우리를 용서해 주신 분께 헌신하는 마음으로 기쁘게 그 일을 해야 합니다.

짚어보기   많은 훌륭한 시들이 고민이나 문제를 제시한 후 그 해결을 향해 나아가는 일종의 서사적 흐름을 보여줍니다. 처음 두 연에서 시인의 고민이 무엇인지, 그리고 어떻게 만족스러운 해결을 향해 나아가는지 눈여겨보십시오.

묵상하기   누가복음 7:41-50; 누가복음 11:1-4

적용하기   당신은 누군가를 용서하기 위해 몸부림쳐 본 적이 있습니까? 왜 그렇게 어려웠습니까? 지금도 용서할 수 없는 사람이 있습니까? 만일 그렇다면 이 기도에 마음을 실어 하나님께서 당신을 용서하신 것처럼 당신도 다른 사람들을 기꺼이 깨끗이 용서할 수 있도록 도와주시기를 구하십시오. 우리가 다른 사람을 용서할 수 있는 것은 오직 하나님께서 먼저 우리의 크나큰 죄악을 용서하셨기 때문임을 깊이 생각해 보십시오.

18

성령님께 드리는 기도

오소서, 성령이여, 제 마음을 잔잔케 하시고
제가 하나님께 나아갈 수 있도록 다듬어 주소서.
허탄하고 세속적인 생각들을 제하여 주시고
저를 당신의 복된 처소로 인도해 주소서.

당신은 제 영혼에 이미 나눠 주시지 않았습니까,
거룩한 불의 살아있는 불꽃을?
오! 이제 신성한 불길을 불붙이시어
제가 순수한 열망으로 타오르게 하소서.

제 방황하는 마음에 새겨 주소서,
그리스도께서 죄인들에게 지니셨던 사랑을.
저의 죄들이 만들어낸 상처들을 슬퍼하시고
제 구원의 하나님을 흠모하게 하소서.

더 밝은 믿음과 소망을 주시어
제가 구주를 보게 하소서.
오! 무거운 마음을 달래고 어르시어
제 영이 당신 안에서 안식하게 하소서.

— 작자 미상, '성령 찬가'

그리스도인인 우리는 하나님이 삼위일체이심을 믿습니다. 하나님은 한

분이시지만, 이 하나님이 세 위격이시며, 각 위격이 능력과 권위와 위엄을 비롯한 모든 신적 속성에서 동등하십니다. 이 세 위격이 구분되는 것은 그 역할에서입니다. 우리는 대개 (예수님이 가르쳐 주신 대로) 성부께 기도하지만, 성자 또는 성령께 기도하는—즉, 성자나 성령께서 삼위일체 하나님 안에서 그 역할에 따라 우리를 축복해 주시기를 구하는 것이 좋을 때도 있습니다. 구원에 관해 말하자면, 성부 하나님은 우리의 구원을 계획하신 분이시고, 성자 예수님은 자신의 죽음과 부활을 통해 구원을 성취하신 분이시며, 성령님은 우리를 성화하심으로 구원을 각 사람의 삶에 이루시는 분이십니다. 그러므로 우리는 성령님께 기도하여 구할 수 있습니다—우리 마음이 하나님의 말씀을 좀 더 잘 받아들이게 해주시기를, 우리 안에 죄가 온전히 죽게 해주시기를, 우리 안에 선하고 거룩한 소원을 불붙여 주시기를, 우리가 하나님을 더욱 사랑하도록 도와주시기를, 강력한 복음 안에서 더욱 안식하게 해주시기를 말입니다.

짚어보기 차근히 읽으며 시인이 마음을 가라앉히는 데서부터 하나님에 대한 열망을 다시 불붙이는 데까지 나아가는 과정을 음미해 보십시오. 그런 다음 이 과정이 어떻게 우리가 마땅히 기도해야 할 방식의 본이 될 수 있을지 생각해 보십시오.

묵상하기 요한복음 16:4-15; 요한복음 16:23-24.

적용하기 우리는 왜 굳이 삼위일체의 어느 한 위격보다 다른 한 위격께 기도하기를 택할까요? 어떤 상황에 있을 때 성자나 성령께 기도하는 것이 적당할까요? 이 시인은 왜 성령님께 기도하기로 했을까요?

성령님께 드리는 기도

19 회개의
기도

오, 제가 무엇이기에, 이 하찮은 것이
나의 왕의 형상을 입는다는 말입니까?
오, 제가 무엇이기에, 구원을 받아
당신의 주홍빛 보혈 샘에서 씻기어
복된 약속을 받고
하나님의 은혜로 믿는다는 말입니까?

오, 제가 무엇이기에, 예수 그리스도께
사랑받는다는 말입니까? 제 마음이 움직여
온전히 죄를 고백하고 제 삶을
예수께 드린다는 말입니까?
제 삶을 드릴 수는 없습니다. 아! 안 됩니다,
제 삶 전체가 이미 당신 것이니까요.

불결하고 역겨운, 제 마음은 허덕이며
저를 위해 죽으시는 당신의 신음에 슬퍼하지만
그래도 죄를 내버리고
당신의 문에 들어설 수 있습니다.
제 힘으로는 무엇 하나 드릴 수 없습니다,
당신의 왕관을 장식할 아주 작은 무엇도.

당신 위해 살아진
오죽잖은 사랑의 삶만이 남아
제가 드릴 적은 것이 되리니

제 덧없는 세월을, 짧고 적으나

당신 발밑에 바치게 되리니

제 심장이 고동치는 한 당신을 섬기리이다.

— 에밀리 스피어, '주여, 제가 무엇이기에'

때로 모든 그리스도인은 하나님께서 우리를 위해 그리스도 안에서 해주신 일의 엄청남에 압도됩니다. 하나님께서 우리를 어둠으로부터 빛 속으로 불러내셨다는 것에, 우리에게 믿음이라는 선물을 주신 것에, 압도되지요. 우리가 대체 무엇이기에 그런 은혜를 받은 것일까요? 우리가 무엇이기에 하나님의 자녀라 불리는 것일까요? 우리가 무엇이기에 그처럼 확실하고 경이로운 약속들을 기대할 수 있는 것일까요? 우리는 어떻게 반응해야 할까요? 경배와 순종으로 반응하는 것이 마땅합니다. 하나님의 선하심에 대해, 그분이 나를 아시고 구원해 주셨다는 경이로움에 대해, 그분을 찬양하는 것이 마땅합니다. 그리고 기쁘게 그분께 순종하는 것이 마땅합니다. 죄를 죽이고 의에 대해 살아감으로써 우리 삶을 그분을 섬기는 데 바침으로써 말입니다. 그리고 이 모든 것을 하는 이유는 우리 힘으로 구원을 얻기 위해서나 그 대가를 치르기 위해서가 아니라, 단지 그분이 그토록 찬양받기에 합당하시기 때문이지요.

짚어보기 처음 두 연에서 시인은 그리스도와 분리되어 있던 자신과 그리스도에 의해 옷 입혀지고 사랑받는 자로서의 자신을 대비하고 있습니다. 이 대비는 계속 이어지면서, 하나님께서 그녀에게 보여주신 은혜와 긍휼에 대한 감사와 그분에 대한 더욱 깊은 사랑으로 나아갑니다.

묵상하기 갈라디아서 4:4-7; 골로새서 3:5

적용하기 그리스도로부터 떨어져 있던 우리와 그의 사랑하는 자녀가 된 우리를 비교해 보는 것은 어떤 뜻이 있을까요? 이런 성찰이 하나님에 대한 사랑을 어떻게 키우고 깊어지게 할까요? 하나님께서 당신을 당신의 죄로부터 구원하셨다는 사실에 압도되었던 가장 최근의 경험은 언제였습니까? 그런 경험이 별로 없다면, 그 사실은 당신에 대해 무엇을 말해주는 것일까요? 이 시는 그리스도께서 당신을 위해 해주신 일에 대한 감격을 새롭게 하는 데 어떻게 도움이 될까요?

20 하나님을 신뢰하고
의지하는 기도

당신의 길로, 오, 주님, 제 길이 아니라 당신의 길로!
비록 제가 욱여싸인 채
더 평탄하고 더 밝은 길을 갈구할지라도
당신의 길이 최선입니다.

비록 목마르고 황량한 사막을 건널 때나
산마루를 넘으며
지치고 두려워 쓰러질지라도
당신의 길이 최선입니다.

지나는 길손을 맞아 주는
열린 문 하나 없고
밤의 캄캄한 두려움이 덮친다 해도
당신의 길이 최선입니다.

이렇게 아무 계획 없이 비척거리며
동으로 서로 쏠려 다니는데
기쁨은 태어나자 죽임당하고 소망은 시드는데
당신의 길이 최선일 수 있을까요?

제 영혼은 슬픔으로 흐려져
더는 순수하지도 복되지도 않은 것 같아
슬프게도! 저는 잘 모르겠습니다,
당신의 길이 정말로 최선인지.

모르겠습니다―사방에서 욱여싸는
고뇌 가운데서
저는 헛되이 이해하려 애씁니다,
당신의 길이 최선임을.

하지만 저는 믿습니다―당신의 삶과 죽음이
당신의 사랑이 입증하며
모든 약속이 분명히 말하는―
"당신의 길이 최선입니다."

저는 알 수 없지만―그러나 믿습니다.
하늘의 안식에 이르려면
제게 가장 괴로운 길로 가야 한다 해도
당신의 길이 최선임을.

―크리스토퍼 뉴먼 홀, "당신의 길이 최선입니다"

인류 최초의 죄는 반역의 죄였습니다. 우리의 첫 조상들은 하나님께서
명하신 것에 순종하는 대신 자기들이 원하는 대로 했던 것이지요. 그 후
로, 우리도 모두 그와 동일한 욕망을 느끼며 동일한 시험을 마주합니다.
우리는 마치 우리가 하나님보다 더 잘 아는 듯이 여기며 하나님의 방식
이 아니라 우리 식대로 사는 편이 훨씬 더 좋으리라고 믿습니다. "당신의
길이 아니라 제 길로!"라는 것이 우리 죄 된 마음의 외침입니다. 하지만
우리가 신앙에서 자라고 성령님께서 우리 안에서 성화의 작업을 수행하
심에 따라, 우리는 차츰 깨닫게 됩니다. 하나님은 이 세상에서 우리가 그
저 편히 사는 것보다 더 높은 목적을 갖고 계시며, 우리가 구하거나 상상
할 수 있는 것보다 훨씬 더 좋은 일들을 계획하고 계십니다. 우리가 하나
님을 좀 더 신뢰하며 좀 더 그분을 높이고 영화롭게 하기를 원하게 되면,

마음속에 새로운 기도가 생겨납니다. "제 길이 아니라 당신의 길로!" 인도해 주시기를 구하게 되는 것이지요. 왜냐하면 그분의 소원보다 더 순수한 소원이 없으며, 그분의 뜻보다 더 좋은 뜻도, 그분께 더 큰 영광을 드릴 방법도 없기 때문이지요. 슬픔과 상실의 때, 고통과 불확실성의 때에도 우리 기도는 "오, 주님, 당신의 길로! 제 길이 아니라 당신의 길로!" 가 됩니다.

짚어보기   시인은 하나님의 길이 최선이라고 확신에 차서 선포하는 것으로 이 시를 시작하지만, 고통의 때가 닥치자 정말로 그럴까 의심하게 됩니다. "당신의 길이 최선일 수 있을까요?" 하지만 결국 그의 확신은 회복됩니다. 비록 모든 것을 보고 이해할 수는 없다 해도, 믿음으로 또다시 선포하는 것이지요. "당신의 길이 최선입니다."

묵상하기   마태복음 26:39; 빌립보서 1:12-14.

적용하기   당신은 하나님의 길이 최선이라고 믿으면서도 눈앞의 상황이 어떻게 최선인지 알 수 없고 이해할 수 없었던 적이 있습니까? 살아오는 동안 당신의 길이 하나님의 길보다 더 낫다고 여겨졌던 때도 있습니까? 하나님은 당신에게 결국 그분의 길이 최선임을 어떻게 깨닫게 하셨습니까? 그후로 그분은 당신에게 무엇을 가르쳐 주셨습니까?

21 시험에서 건져 주시기를
구하는 기도

밖의 세상에는 해가 빛나는데
내 안에는 어둠이 자리하네.
두려운 그늘이 내 영혼을 휘감으니
죄의 안개로구나.
주여, 당신의 미소로 이 그늘을 걷으사
햇빛이 비쳐 들게 하소서.

밖의 세상에는 새소리 감미로운데
내 안에서는 괴로움이 울부짖네.
야망과 자만, 심각한 기만이!
내 영혼을 죄로 얽어맸으니,
오, 주여, 이 결박을 끊으사
햇빛 비쳐 들게 하소서.

바깥 길에는 시험이 득실거리고
안에는 어두운 회한이 뒤척이네.
내 괴로운 영혼을 얽어매는 사슬은
온통 죄로 곪아드누나.
주여, 당신의 치유의 향유를 보내사
햇빛 비쳐 들게 하소서.

바깥에는 즐거움이 환히 미소짓는데
안에는 이 무슨 괴로움인지!
여전히, 이 약한 나는

죄의 길을 터벅거리고 있네.
주여, 저는 끝입니다, 만일 당신이
햇빛 비쳐 들게 하시지 않는다면.

— M.A.B. 켈리, '바깥과 안'

이 세상에서 사는 것은 시험 당하는 것입니다. 죄에 대한 유혹이 없는 인생길이란 없습니다. 예수 그리스도께서도 시험을 당하셨지요. 사탄은 그분께 아버지의 뜻을 버리고 더 쉬운 길로 가라고 시험했습니다. "네가 만일 내게 절하면 이 세상 왕국을 다 네게 주리라"고요. 사탄은 십자가의 고통 없이 그 상만을 약속한 것입니다. 하지만 예수께서는 하나님의 나라는 고통 없이 오지 않으며 고통을 통해, 고통으로 인해 오는 것이라는 아버지의 계획을 굳게 믿으셨습니다. 그래서 "사탄아 물러가라!"라고 단호히 대답하셨습니다. 예수님은 그렇게 하나님의 뜻을 버리라는 시험을 이겨내셨고, 그 순종을 통해 우리에게도 비슷한 시험을 이겨낼 힘을 주셨습니다. "그가 시험을 받아 고난을 당하셨은즉 시험받는 자들을 능히 도우실 수 있느니라"(히브리서 2:18).

짚어보기　　시인이 죄로부터의 자유를 어떻게 햇빛에 비유하는지 보십시오. 죄의 어둠과 어둠을 몰아내는 햇빛에 대한 갈망 사이의 지속적인 대조가 창문으로 빛이 들어오는 것을 막고 있던 묵직한 커튼을 걷는 것을 생각나게 합니다.

묵상하기　　히브리서 2:18; 고린도전서 10:13

적용하기　　각 연마다 주님께 구하는 바를 담고 있습니다. 다정한 벗의 미소, 우리를 얽어맨 결박의 깨뜨림, 곪아드는 질병을 낫게 할 향유, 그리고 우리를 방황으로부터 구해낼 인도하심 등이지요. 이 이미지들 중에 어느 것이 오늘도 죄와 싸우는 당신에게 가장 선명하게 다가옵니까? 왜 우리는 죄에 대한 싸움에서 하나님의 능력을 확실히 붙들지 못하는 걸까요? 우리가 시험 당하는 바로 그 순간 그 능력을 붙들 수 있는데 말입니다.

22 그리스도의
재림을 위한 기도

오소서, 사랑하는 주님,
정원의 꽃들이 동트기를 기다리듯
당신을 우러르며 기다리는 이들에게
어둡고 외로운 시간 후에
아침 햇살처럼 돌아오소서.

희미하게 타는 등불을 들고서
의심과 갈등이 불청객처럼 찾아드는
생각의 혼란한 길을 따라
마냥 헤매어 가는 이들에게
오소서, 영혼의 기쁨으로 돌아오소서.

오소서, 힘들고 고된
인생의 멍에를 진 이들에게.
그들의 가슴속에 소망을 새롭게 하시고
그들을 당신께로 끌어당겨 안식을 주소서.
오, 친구 되신 주님, 돌아오소서,

오소서, 다툼으로 지친 세상에.
우리가 배우게 도와주소서,
당신의 승리하는 삶의 비결을
분쟁을 이기는 사랑을.
오, 평화의 왕이여, 돌아오소서.

예수여, 저는 구하지 않나이다,
천군 천사를 거느리고 오시는 당신을
모든 사람이 보게 될 날을.
오늘, 당신을 가장 필요로 하는 사람들에게
조용히, 돌아와 주소서!

– 헨리 반 다이크, '예수여, 오소서'

복음은 과거 현재 미래를 아우르는 총체적인 메시지입니다. 우리는 그리스도를 믿었을 때 구원받았고, 우리 안에 오신 성령께서 우리를 새롭게 하심으로 구원받는 중이며, 그리스도께서 다시 오실 때 구원받을 것입니다. 그분의 재림은 그분을 거부한 자들에게는 더없는 슬픔이 될 터이니, 이들은 영원한 형벌에 처해질 것이기 때문입니다. 그러나 그분을 영접한 자들에게는 그분의 재림이 더없는 기쁨이 될 터이니, 이들은 영생으로 인도될 것이기 때문입니다. 장차 우리 것이 될 놀라운 복락들이 많지만—모든 고통과 슬픔의 종식, 온전하고 최종적인 심판의 도래, 죄에 대한 일체의 욕망의 근절 등—이 모든 것 중에서도 가장 큰 축복은 우리가 그리스도와 함께하리라는 것입니다. 지금은 우리가 구주를 믿음으로 보지만 그때에는 눈으로 보고 함께 경배하며 그분의 이름을 찬양할 것입니다. 그러니 모든 시대 그리스도인들이 한결같이 이렇게 외쳐온 것도 무리가 아닙니다. "마라나타! 주 예수여, 어서 오시옵소서!"

짚어보기 이 시에서 시인이 사용한 다양한 이미지들을 눈여겨보십시오. 시인은 주님께서 꽃들에게 아침 햇살처럼, 상념 속을 헤매는 자에게 내적인 기쁨으로, 삶의 무거운 짐 진 자에게 안식으로, 분쟁과 다툼으로 지친 세상에 평화의 왕으로 와주시기를 구합니다. 장차 천사장의 나팔 소리와 함께 임하실 그날이 아니라 바로 오늘 그분을 필요로 하는 우리 모두의 마음속에 와주시기를 구하는 것이지요.

묵상하기 고린도전서 15:20-27; 빌립보서 3:12-15

그리스도의 재림을 위한 기도

당신은 예수 그리스도의 재림을 고대합니까? 그 일을 위해 꾸준히 기도합니까? 그리스도의 재림을 생각할 때 당신이 가장 바라는 것이 그리스도 자신인지 아니면 그분이 가져다주실 유익인지 정직하게 말할 수 있습니까? 마지막 연에서 시인은 그리스도께서 장차 재림하시기를 구하는 대신, 바로 오늘 그분을 필요로 하는 이들에게 "조용히" 와주시기를 구합니다. 당신은 삶의 어떤 영역에서 그분이 돌아와 그분의 임재를 새롭게 해주시기를 가장 필요로 합니까?

23 산만할 때 기도하기 위해 드리는 기도

아! 사랑하는 주님, 기도가 안 됩니다.
마음이 자유롭지 못합니다.
무질서한 잡념들이 밀려들어
제 생각이 당신에게서 떠나게 합니다.

이 몸은 가만있지를 못합니다.
변덕스런 팔다리가
마음의 이 모든 허깨비들과 짜고서
내면의 자아를 지치게 합니다.

기도가 안 됩니다, 하지만 주님! 아시지요,
제 헛되이 씨름하는 생각들이
그렇게 당신을 떠나가는 것이
제게 얼마나 큰 고통인지를.

하지만 연약하고 산만한 기도 속에도
당신은 함께히 십니다, 주님!
자아로 가득한 마음을 버린 죄인은
자주 그런 기도에서 당신을 만납니다.

주님! 제가 왜 불평하겠습니까?
죄 말고는 무엇을 두려워하겠습니까?
산만함은 그저 바깥에서 일어날 뿐

마음 깊은 곳에는 당신의 평화가 있습니다.

– F. W. 페이버, '아! 사랑하는 주님, 기도가 안 됩니다'

우리는 산만한 시대에 삽니다. 오늘날 우리를 둘러싼 세상은 우리가 정말로 하고자 원하는 것으로부터 주의를 흩뜨려 더 시급하고 더 근사하고 더 재미난 수많은 일들을 향하게 하는 것 같습니다. 하지만 우리 선조들의 작품을 읽어 보면, 산만함이 우리 시대의 문제만은 아닌 것을 알게 됩니다. 그것은 시간과 장소를 초월하는 것으로, 그리스도인들은 마음과 생각이 별로 중요치 않은 일들로 흩어지지 않는 상태로 기도하기 위해 항상 씨름해 왔습니다. 그렇지 않은 척, 자신이 실제보다 더 나은 사람인 척하기보다, 경건의 시간을 시작할 때 먼저 하나님께 기도해야 할 것입니다. 집중된 정신과 오직 그분과 소통하기를 원하는 마음을 주십사고 말입니다. 괴로워하는 한 아버지가 예수님께 "제가 믿나이다. 제 믿음 없음을 도와주소서!"(마가복음 9:24)라고 외쳤듯이, 우리도 외쳐야 할 것입니다. "제가 기도하기 원하나이다. 제가 기도하도록 도와주소서!"라고요.

짚어보기　시인은 기도하려 할 때 마음이 산만하고 몸도 가만히 있지 못하는 것을 먼저 고백합니다. 우리 모두 익히 알고 있는 것이지요. 하지만 그는 그렇다고 해서 기도를 그만두지 않습니다. 그는 연약한 죄인이라도 죄와 싸우며 그분을 구할 때 주께서 만나 주신다는 것을 알며, 그래서 계속 기도합니다.

묵상하기　누가복음 5:16; 누가복음 11:1-4

적용하기　예수님은 자주 산만함과 방해를 피해 조용한 장소를 찾아 기도하곤 하셨습니다. 당신은 기도할 때 산만함을 막기 위한 어떤 습관을 갖고 있습니까? 아직 그런 것이 없다면, 어떤 습관을 들이면 좋을까요? 산만한 가운데 기도하더라도 아예 기도하지 않는 것보다 나은 것은 왜일까요?

24 하나님의 임재와 위로를 구하는 기도

제 생명의 하나님, 당신께 부르짖사오니
괴로워하며, 당신 발 앞에 엎드리오니
큰물이 저를 엄몰할 때에
제 떨리는 마음이 무너지게 두지 마소서.

친구 없는 자들, 연약한 자들의 친구이신 주여,
제 깊은 탄식을 당신 아닌 누구에게 아뢰겠나이까?
의지할 데 없는 가난한 자들을
당신의 열린 문은 부르시오니.

애통하는 자가 당신께 아뢸 때
그 간구를 거절하신 적이 있습니까?
당신 얼굴을 구하는 자를 외면하지 않으신다는
말씀이 여전히 살아 있지 않습니까?

제게 허락하신 분깃이 제게 족하오니
대언자이신 당신이 계시기 때문입니다.
세상이 가장 총애하는 자들도
이 자랑스러운 특권은 누리지 못하지요.

저는 비록 가난하여 멸시당하고 잊혀졌지만
하나님, 제 하나님께서는 저를 잊지 않으시니
주께서 친히 변호해 주시는 자는
안전하며 반드시 일어날 것입니다.

그러니 오, 주여, 제 부르짖음을 들으시고
당신의 긍휼하신 눈을 제게 돌리소서.
당신의 백성이 당신께 기도하오니
우리 구주로 인하여 우리 기도를 들어주소서

- 윌리엄 쿠퍼, '친구 없는 자들의 친구'

하나님께서 우리 기도를 항상 듣고 계시다는 사실을 알면 큰 위로가 됩니다. 그분은 다른 데를 보시느라 못 들으시지도 않고, 귀를 막고 안 들으시지도 않습니다. 너무 산만하여 흘려듣지도 않으시고, 너무 바빠 신경을 못 쓰시지도 않습니다. 아니요, 우리 아버지께서는 항상 우리의 간구를 듣고 계십니다. 이 사실은 우리가 슬프고 마음 아플 때, 낙심되고 괴로울 때, 얼마나 든든한 확신을 주는지요. 그분은 우리의 선한 목자요 사랑하시는 아버지요 충실한 친구이십니다. 우리가 그분께 부르짖으면, 그분은 들으시고 행동하실 것입니다. 우리가 구하는 것을 곧바로 주시기도 하지만 사랑하시기 때문에 거절하실 수도 있습니다. 또는 그분의 응답이 우리가 원하는 때에 우리가 기대한 방식으로 오지 않을 수도 있습니다. 하지만 우리가 곤경 가운데 그분께 부르짖는데 그분이 우리를 아예 무시하시는 일은 결코 없습니다. 그리스도께서 우리를 위해 이루신 일 덕분에, 우리는 하나님께서 우리를 보시고 아시고 들으신다는 것을 완전히 확신할 수 있습니다.

짚어보기　　윌리엄 쿠퍼는 영문학에서 가장 훌륭한 시인 중 한 사람입니다. 그는 찬송가 작사가이기도 해서 존 뉴턴과 긴밀히 협력하여 역사상 가장 중요한 찬송가집 중 하나인 『오니 찬송가 Olney Hymns』를 위한 여러 편의 시를 썼습니다. 쿠퍼는 평생 우울증에 시달렸으며, 그의 시 중 상당수는 깊은 시름에 잠긴 마음의 표현입니다. 하지만 그것들은 주님께 궁극적인 소망을 둔 사람, 고뇌 가운데서도 주님을 향하기를 그만두지 않은 사람의 표현이기도 합니다. 그의 찬송가 중 가장 잘 알려진 것은 「샘물과 같은 보혈은 There Is a Fountain」(새찬송가 258)이고, 그의 시 중에서 가장 잘 알려진 것은 「어둠 속에서 비쳐나는 빛Light Shining out of Darkness」입니다. "하나님은 신비한 방식으로 움직이시며 / 그의 경이로운 일들을 행하신다"라는 유명한 구절도 이 시에 나옵니다.

묵상하기　　시편 42; 누가복음 22:43.

적용하기　　당신은 가장 힘들 때 하나님께 부르짖으면 그분이 들으신다고 믿습니까? 당신이 하나님의 응답을 경험했을 때—아마도 큰 슬픔이나 어려움을 당했을 때이겠지요—를 기억하며, 그분이 당신을 잊지 않으시고 당신의 기도를 들어주시는 것을 감사하십시오.

25 하나님의 지속적인 임재를 구하는 기도

주여, 저는 평생의 밤과 씨름했나이다.

떠나지 마소서.

저를 이 슬프고 지친 곤경 속에 상심한 채로

버려두지 마소서.

이 차가운 세상에 저만 남겨 두고 가버리시면

저는 어디에 의지하겠습니까?

제게는 다른 도움이 없습니다,

먹을 것도 빛도 이끌어 줄 손도.

밤은 어둡고, 돌아갈 집은 보이지 않습니다.

아무도 지나간 적 없는 길을

어둠 속에서 혼자 뚫고 나갈 엄두가 나지 않습니다.

당신이 가버리시면 저는 길을 찾을 수가 없습니다.

저는 아직도 당신을 제대로 알아보지 못합니다.

제게 더 보여주소서.

제가 당신을 몰라본 채 지나쳐 가리라고

생각만 해도 아득합니다.

당신이 축복하지 않으시면 보내 드리지 않겠나이다.

오, 도와주소서, 주여, 저는 아무 힘이 없습니다.

— J. 샤프, '주여, 저는 싸웠나이다'

하나님이 우리에게 아주 가까이 계신 것 같은 때가 있는가 하면, 아주 멀리 계신 것만 같은 때도 있습니다. 물론 실제로 하나님은 항상 우리와 함께하시며 성령님은 항상 우리 안에 내주하십니다. 하지만 때로 우리는 하나님의 임재로부터 아주 멀어진 것만 같고, 그분의 사랑도 가까이 계시다는 느낌이 들지 않는 것이지요. 이런 일은 우리가 죄를 짓고 고백하지 않았을 때도 일어날 수 있지만, 죄를 짓지 않았을 때도 일어납니다. 하나님께서는 우리가 그분의 임재에서 오는 기쁨을 더 잘 이해하고 목마른 사람이 물을 찾듯이 그분의 임재를 갈구하게 하시려고 그런 시기를 주시는 것입니다. 때로 하나님은 우리가 기도 가운데 씨름하며 길고 힘든 영혼의 밤을 통과한 후에야 그 기도에 응답하셔서 다시금 그분의 임재의 감각을 회복시켜 주십니다. 그러므로 그리스도인으로서 우리는 하나님께 항상 우리 곁에 가까이 계시며 함께해 주시기를, 그분의 사랑과 가까이 계심을 깨닫는 축복을 주시기를 기도해야 합니다.

짚어보기 밤새도록 하나님과 씨름하며 그분을 놓아주지 않는다는 주제는 창세기 32장에서 야곱이 하나님과 씨름하는 장면을 생각나게 합니다. 시인이 그 이야기의 요소들을 어떻게 가져다가 자신의 경험을 이야기하는지 짚어 보십시오.

묵상하기 시편 66:18; 창세기 32:22-26

적용하기 당신은 달리 아무데도 기댈 수 없고 아무에게도 도움을 청할 수 없다는 느낌으로 기도 가운데 하나님께 나아간 적이 있습니까? 그 무력한 자리에서 주님은 당신을 어떻게 만나 주셨습니까? 당신이 하나님과 멀리 떨어진 듯이 느껴질 때는, 무엇이 그런 분리의 느낌을 가져왔던 것 같습니까? 당신은 어떻게 반응했습니까?

26 사랑과 연합을 위한 기도

인간의 어떤 울타리도
외적인 힘의 결속도
당신의 교회를 한데 묶거나
그 양 떼를 하나 되게 할 수 없습니다,
하오나 주 예수여, 당신은 우리에게
연합이 어떠해야 하는지 가르치셨으니,
당신은 아버지 하나님과 하나이시며
우리도 당신 안에서 하나입니다.

그리스도 안에 있는 마음이,
언제까지나 배우려는 젊음의
겸손하고 열린, 명랑한 마음이
우리를 진리로 인도할 것입니다,
그리스도 안에 있는 마음이,
삶에서 사랑을 따르는
기꺼이 베풀고 용서하는 마음이
우리를 다툼에서 벗어나게 할 것입니다.

사람들이 당신을 흠모하는 어디서나
우리 영혼은 그들과 함께 무릎 꿇고,
사람들이 당신의 도움을 구하는 어디서나
그들의 괴로움을 우리도 느낄 것입니다.
당신을 알지 못하면서도
당신을 섬기는 사람들 속에서

우리 손은 선한 일에 그들과 함께할 것입니다.
그들 또한 당신 것이니까요.

용서하소서, 주님,
당신의 벗들과 다툰 어리석음을.
불화가 그치는 곳마다
우리를 당신 마음에 더 가까이 이끄소서.
당신은 온전한 사람이시며
하나님의 아들이시니,
우리 수많은 삶의 주인이시여
당신 안에서 우리 삶은 하나입니다.

— 헨리 반 다이크, '그리스도 안에서 하나'

성경은 신앙생활을 혼자 하는 그리스도인, 지역 교회에 속하지 않기를 택하는 그리스도인에 대해 말하고 있지 않습니다. 분명한 것은 하나님께서 우리 모두가 지역 교회들을 통해 구현되는 그리스도의 몸에 속하기를 원하신다는 것입니다. 우리가 이 몸에 연결됨으로써 얻는 많은 축복이 있으며, 그중 중요한 한 가지는 공동체의 축복입니다. 교회 공동체 안에서 우리는 하나님께서 우리에게 주신 은사들을 펼치는 한편, 다른 사람들에게 주신 은사들로부터 유익을 얻을 수 있습니다. 또 한 가지 큰 축복은 성화의 축복으로, 우리가 교회 공동체에 속하여 자신과 여러모로 다른 사람들과 화합하여 살려 애쓸 때 하나님은 우리 안에서 크게 역사하십니다. 교회 공동체 안에서 우리는 회개하고 용서하기를, 주고받기를, 축복하고 축복받기를 배웁니다. 그러면서 우리는 알게 됩니다. 하나님 앞에서 우리가 많은 지체로 이루어진 한 몸이라는 진리를 적극적으로 살아낼 수 있도록, 그리스도인 각자가 하나님께 도움을 구하는 기도를 드려야 한다는 것을 말입니다.

헨리 반 다이크는 미국의 작가, 시인, 교수, 목사였습니다. 그는 많은 재능을 지니고 업적을 쌓은 인물로, 프린스턴 대학교의 영문학 교수, 네덜란드 주재 미국 대사 등으로 일하기도 했습니다. 그의 가장 인기 있는 작품은 아마 「또 다른 현자」 「첫 번째 크리스마스트리」 같은 성탄 이야기들과, 「시간은 Time Is」이라는 시일 것입니다. 이런 작품들 외에도, 그는 많은 시를 썼으며, 「그리스도 안에서 하나」도 그중 하나입니다.

묵상하기 요한복음 17:10-22; 고린도전서 12:12-13.

적용하기 시인은 우리가 그리스도 안에서 연합을 발견하는 방식들로 어떤 것들을 말하고 있습니까? 당신도 이런 식으로 다른 신자들과 연합을 경험한 적이 있습니까? 그런 연합은 "인간적인 틀"이나 "외적인 힘"에 기초한 연합과 어떻게 다릅니까? 당신도 당신이 속한 교회의 하나 됨을 위해 수고하고 있다고 말할 수 있을까요? 당신은 다른 그리스도인들과의 연합을 추구하고 성취하는 데 어떤 식으로 못 미치고 있습니까? 하나님은 당신이 그 점에 대해 어떻게 하기를 바라실까요?

27 경외와 경배의 기도

나의 하나님, 당신은 얼마나 놀라우신지요.
당신의 위엄은 얼마나 광명하고
작열하는 빛의 깊음 속에서
당신의 시은좌(施恩座)는 얼마나 아름다운지요.

당신의 영존하는 세월은 얼마나 두려운지요.
오, 영원하신 주여,
꿇어엎드린 영들로부터 밤낮으로
부단히 경배 받으시나이다.

얼마나 놀랍고 얼마나 아름다운지요,
당신의 모습은
당신의 무궁하신 지혜, 무한하신 권능,
엄위하신 순수성은.

오, 살아 계신 하나님, 저는 얼마나 당신이 두려운지
요.
가장 깊고 가장 다정한 두려움으로,
떨리는 소망과 회개의 눈물로
얼마나 당신을 경배하는지요.

하지만 오, 주여, 저는 또한 당신을 사랑하오니,
전능하심에도
당신은 스스로 낮추사 저에게

제 오죽잖은 마음의 사랑을 구하시니까요.

이 땅의 어떤 아버지도 당신처럼 사랑하지 않고
어떤 어머니도 그토록 다정하지 않으며,
죄 많은 자식인 저를
당신만큼 참고 용납하지는 않습니다.

예수의 아버지여, 사랑의 상급(賞給)이시여,
얼마나 황홀할까요,
당신의 보좌 앞에 꿇어엎드려
당신을 영원히 우러르는 것은!

  — F.W. 페이버, '나의 하나님, 당신은 얼마나 놀라우신지요'

성경은 우리가 생각하기에 모순될 것 같은 두 가지 행동을 상호보완적인 것으로 말합니다. 즉, 하나님을 두려워하라면서, 또 하나님을 사랑하라고도 하는 것입니다. 사실 우리는 먼저 하나님을 두려워하지 않고는 사랑할 수 없습니다. 어떻게 그러냐고요? 왜냐하면 이 경우 "두려움"이란 공경하고 높이는 것 — 대상을 제대로 가늠하고 그에 맞는 방식으로 반응하는 것을 의미하니까요. 우리가 하나님을 알게 되면, 거룩하시고 전능하시고 지혜로우신 분, 그분의 뜻을 아무도 거스르거나 막을 수 없는 분으로 알게 됩니다. 자기 의로움의 표준에 따라 우리를 심판할 권리를 지니신 분으로 알게 됩니다. 그러니 그분을 두려워하는 것이 맞지요! 하지만 그러면서 또한 그분을 우리와 화목할 방도를 마련하신 분, 우리와 관계를 갖기를 원하시는 분, 우리에게 사랑받기를 기꺼워하시는 분으로 알게 됩니다. 그러니 그분을 두려워하고 사랑하는 것이 맞지요. 따라서 우리는 그분을 두려워하기 때문에 사랑하는 것이 맞습니다.

짚어보기   셋째 연 마지막 행의 엄위하신 awful이라는 말을 시인은 구식 의미로 쓰고 있습니다. 19세기 이후 awful이라는 말은 끔찍한 terrible, 불쾌한 unpleasant 등과 비슷하게 아주 나쁘다는 뜻이 되었지만, 그 이전에는 경외감을 불러일으키는 awe-inspiring이라는 뜻으로 쓰였던 것입니다. 오늘날도 그 의미를 되살리면 좋을 듯합니다. 페이버가 "무궁한 지혜, 무한한 권능, 엄위하신 순수성 endless wisdom, boundless pow'r, and awful purity"라고 할 때처럼요.

묵상하기   이사야 6:1-7; 시편 91:4

적용하기   시인은 경외감을 불러일으키고 두려움을 주는 하나님의 아름다우심을 묵상하는 한편, 하나님께서 우리를 부르사 그분을 사랑하게 하셨다는 진리에서 소망을 발견합니다. 당신은 하나님께서 당신의 오죽잖은 마음의 사랑을 청하실 만큼 자신을 낮추셨다는 사실에 놀라고 감격한 적이 있습니까? 그분이 우리의 순종뿐 아니라 사랑을 원하신다는 것을 알고 하나님에 대한 당신의 이해는 어떻게 달라졌습니까?

28 하나님께 순복하는 기도

아버지, 제가 어떻게 감히 기도할 수 있을까요,
이것은 허락하시고 저것은 모면하게 해 주시기를?
어떻게 제 무지가 길을 잘못 들지 않고
어떻게 제 어리석은 입술이 잘못 말하여
복을 구한답시고 화를 구하지 않을 수 있을까요?

제가 어떻게 감히 기도할 수 있을까요,
이미 모든 것을 아시는 자비하신 당신께서
제게 자비를 베풀어 주시기를? 제 오죽잖은 열망이
당신의 눈에 무엇이겠습니까? 광대한 전후 연대^{年代}
들을 보시며
무수한 세계들을 보이지 않는 바람처럼 휩쓸어 가시
는 분께?

당신의 선하심은 있을 것들을 있게 하시고
당신의 지혜는 제 가장 깊은 소원을 아시오니
제가 어찌 당신께 괜한 기도를 드리겠습니까?
제 희미하고 근시안적인 무지한 소원들을 들어달라
고
전능하신 분을 귀찮게 하겠습니까?

그래도 저는 기도합니다—당신이 명하셨으니까요,
하지만 당신을 귀찮게 하거나, 소원을 꼽는 대신
다만 이렇게 기도하지요.

"오, 주여, 당신이 아시오니, 허락하시든 거절하시든,
기쁨의 잔을 채우시든 저를 지나치시든, 뜻대로 하소
서."

당신의 뜻이 곧 제 뜻이오니
다만 제게 만족하는 마음을 주소서.
설령 제 소원이 좌절된다 해도, 잠잠히 누워
기다리게 하소서. 의문과 고통이 사라지고
내 주의 선하신 뜻이 명백해 지기까지.

—수전 쿨리지, '제가 어떻게 기도할까요?'

대부분의 그리스도인들이 한번쯤 고민하게 되는 질문이 있습니다. 도대체 기도하는 것이 무슨 의미가 있나 하는 것이지요. 하나님은 그렇게 많이 아시고 우리가 아는 것은 그렇게 적은데, 하나님은 과거 현재 미래를 다 아시고 우리는 지금 이 순간 너머의 일은 거의 알지 못하는데, 하나님의 뜻은 완전하고 우리의 뜻은 너무나 형편없이 뒤죽박죽인데, 도대체 우리가 왜 기도해야 할까요? 대체 어떻게 대담하게—하나님이 명하시는 대로 "은혜의 보좌 앞에 담대히 나아가" 기도할 수 있을까요? 우리가 무엇이기에 하나님께 이런저런 식으로 행하여 주시기를 구한다는 말입니까? 하지만 그 대답은 아주 간단합니다. 하나님께서 우리에게 그러라고 명하셨다는 것이지요. 하나님께서 우리에게 기도하라고 명하셨으니, 우리는 그분의 명대로 해야 합니다. 불의한 일을 당한 과부처럼 끈질기게 기도해야 하고, 자기 죄를 아는 선지자처럼 겸손하게 기도해야 하며, 자기 필요를 아는 사도처럼 끊임없이 기도해야 합니다. 그리고 예수님처럼, 우리도 하나님께서 기꺼이 우리 기도를 들으시고 응답하신다는 것을 믿으며 기도해야 합니다.

짚어보기　시인은 자신이 무엇을 위해 기도하며 무엇을 구해야 할지 잘 모르겠다고 고백합니다. 그녀는 자신이 구하는 바가 "희미하고 근시안적이며 무지한" 것이 될까 염려합니다. 하지만 그러면서도 기도하지요. 이 점을 염두에 두고, 시인이 마지막 연에서 드리는 기도를 묵상해 보십시오.

묵상하기　히브리서 4:16; 데살로니가전서 1:2.

적용하기　시인이 마지막에 말하듯이, 주님의 뜻은 우리가 언제나 이해할 수 있는 것이 아닐 수도 있습니다. 그래서 그녀는 만족하는 마음과 인내심을 ― 주님의 선하심이 명백해지고 "의문과 고통이 사라지기까지" 기다릴 인내심을 구하는 것이지요. 당신은 주님께 무엇을 구해야 할지 모르겠다는 심정이 되어 본 적이 있습니까? 또는 당신의 기도에 대한 그분의 응답과 씨름해 본 적이 있습니까? 오늘도 주님을 신뢰하며, 담대함과 겸손함으로 기도하십시오. 만족하는 마음을, 그리고 의문과 고통 속에서도 인내하는 마음을 구하십시오.

29 제대로 기도할 수 있기를
구하는 기도

주님, 제가 당신의 보좌 앞에 엎드려
고백을 쏟아놓을 때
제가 고하는 죄를 깨닫도록 가르치소서.
제가 탄식하는 것을 미워하도록.

제 깨어진 심령을 불쌍히 보시고
참된 회개를 허락하소서.
그리하여 당신의 눈길이
제 마음에 소망을 불붙이게 하소서.

기도로 제 소원들을 아뢸 때
제 뜻은 물러나게 하소서.
온전히 당신 것이 아닌 생각이
제 가슴에 깃들지 못하게 하소서.

연약한 간구를 믿음으로 채워
하늘로 띄우게 하시고,
제 간구를 허락하시든 거절하시든
당신의 선하심을 제 마음에 가르치소서.

― 조셉 데이커 칼라일,
'주여, 우리가 당신의 보좌 앞에 엎드릴 때'

타 종교를 믿는 이들을 관찰해 보면, 그들이 기계적으로 외우는 기도를 자주 드린다는 것을 알 수 있습니다. 끊임없이, 생각 없이 반복하는 기도지요. 주님의 제자들이 그분께 기도하는 법을 가르쳐 달라고 청했을 때 생각한 것 역시 그런 기도였는지도 모릅니다. 그래서 주님께서는 "이것을 기도하라"고 특정한 기도를 가르치시는 대신, "이렇게 기도하라"고 하시면서 본이 될 만한 기도를 알려 주셨지요. 하나님께서는 우리가 깊이 생각하여 진심으로, 마음과 뜻을 다하여 기도하기를 원하십니다. 그런데 우리는 마음에도 없는 말을 입으로만 기도할 때도 있다는 것을 인정해야 합니다. 죄를 고백하면서도 그 죄를 버릴 마음은 없다든가, 주신 선물에 감사한다고 하면서 실은 그것을 별로 원하지 않는다든가, 이런저런 성품을 주시기를 구하면서 정작 그런 것들을 추구하지는 않는다든가 하는 것이지요. 그러니 열의 없는 마음으로 입으로만 기도하는 것은 아닌지, 아니면 정말로 하나님을 알고 그분께 순종하며 그분을 향한 사랑을 표현하려는 열렬한 마음에서 나오는 말을 쏟아놓는 것인지 곰곰이 생각해 볼 필요가 있을 것입니다.

짚어보기　　오래전부터 그리스도인들은 기도할 때 도움을 얻고자 기도문을 사용해 왔습니다. 이 책이나 『성공회 기도서』, 또는 『기도의 골짜기 The Valley of Vision』 같은 책에 실린 것들이 그 예지요. 이 기도들을 공허한 말로 되뇌는 것도 가능하기는 하겠지만, 대부분의 그리스도인들은 이런 기도문들에서 주님께 대한 찬양과 감사, 고백, 흠모의 신선한 표현을 발견함으로써 도움을 얻을 것입니다.

묵상하기　　시편 34:18; 시편 51:17.

적용하기　　당신은 때로 마음에서 우러나는 기도를 드리는 대신 어느새 말뿐인 기도를 드리는 자신을 발견하곤 합니까? 때로는 마음에도 없는 감사나 청원을 드리고 있지 않습니까? 만일 그렇다면, 어떻게 하면 좋을까요? 오늘 당신의 소원이 그분께서 원하시는 바에 맞지 않는 부분이나, 당신의 필요가 그분의 뜻에 순복한 것이 아닌 부분들이 있는지 곰곰이 생각해 보고 주님 앞에서 인정하십시오. 그분의 변함없는 선하심을 신뢰할 믿음을 주시기를 구하십시오.

30 하나님의 공의와 선하심을 찬양하는 기도

위대하신 하나님! 나의 창조주요 나의 왕이신
당신에 대해 말하고, 당신에 대해 노래하렵니다.
당신이 행하셨고 행하시는 모든 일이
당신의 선하심과 공의를 선포합니다.

당신의 영원한 생각들과 견고한 규례들,
당신의 경고와 약속들,
하늘의 기쁨과 지옥의 고통—
천사들이 맛보는 것, 마귀들이 느끼는 것,

당신의 엄위하심과 은혜로우심,
무서운 회초리와 인자한 얼굴,
찢으시는 말씀과 싸매시는 말씀,
무너진 세상과 회복된 세상,

이런 것들이 제 두려움과 기쁨을 불러일으키오니
이런 것들을 제 입술이 노래하오니
받아주소서, 오, 주여, 이 오죽잖은 노래를
떨리는 혀로 드리는 찬양을.

— 벤저민 베돔, '하나님의 공의와 선하심'

하나님에 대해 웨스트민스터 소요리문답보다 더 잘 묘사한 예는 찾기 힘들 것 같습니다. 그 내용은 이렇습니다. "하나님은 영이시며, 그 존재와 지혜와 권능과 거룩하심과 공의와 선하심과 진실하심이 무한하시고 영원하시며 불변하신 분이십니다." 여기 열거된 하나님의 속성 중에서 두 가지는 서로 모순되는 것으로 보일 수도 있습니다. 즉, 하나님은 공의로우신 동시에 선하시다는 것입니다. 하지만 이 두 가지는 반대라기보다 이웃한 속성들입니다. 하나님이 공의로우시다는 것은 그분이 안팎으로—그분의 본성에서나 행동에서나—온전히 의로우시다는 뜻입니다. 하나님이 선하시다는 것은 그분이 안팎으로—그분의 본성에서나 행동에서나—흠 없이 순전하시다는 뜻입니다. 하나님은 공의의 행동을 통해 자신의 선하심을 드러내십니다. 하나님은 그분께 도전하는 자들을 마땅히 벌하실 때 선하시며, 그분을 높이는 자들에게 마땅한 상을 주실 때 선하십니다. 우리는 하나님의 선하심을 찬양함이 마땅하며, 하나님의 공정하심을 찬양함이 마땅합니다. 왜냐하면 우리가 그분과 화목케 된 것은 그분의 공의—십자가에 달리신 그리스도께 가해진 공의—를 통해서니까요. 또한 우리가 영원토록 그분의 선하심을 찬양할 수 있는 것도 그분의 공의를 통해서입니다.

짚어보기   시인이 하나님을 찬양하는 그분의 속성과 행동들, 곧 하나님의 선하심과 그분의 공의를 선포하는 속성과 행동들의 긴 목록을 살펴 보십시오. 그런 다음 마지막 연에서 그것들에 대한 시인의 반응을 음미해 보십시오.

묵상하기   히브리서 6:10; 시편 119:68

적용하기   시 전체에 걸쳐 상반된 것들이 병치되어 있는 것에 주목하십시오. "당신의 경고들과 당신의 약속들"처럼요. 당신은 주님이 하신 모든 일에 대해, 좋은 것이나 나쁜 것에 대해, 그분을 찬양하고 감사를 드리려 애씁니까? 하나님의 공의에 대한 성경적 이해는 그분의 선하심과 어떻게 관련되며 우리로 하여금 그분의 성품과 역사 전부에 대해 그분을 찬양할 수 있게 합니까?

31 그리스도의 충족하심에 관한 기도

은혜의 샘이 넘치도록 충만하게 값없이 솟으니
제 필요한 모든 것이 당신 안에 있습니다.
완전한 용서와 새날을 맞이할 힘
아무도 빼앗을 수 없는 평화가.

질병인들 제 마음을 두렵게 하겠습니까?
당신이 가까이 계심을 아는 것으로 족합니다.
심판에 대한 두려움이 저를 흔들겠습니까?
그리스도께서 죽으셨음을 아는 것으로 족합니다.

살아서는 당신의 도우심의 약속이
제 마음에서 두려움을 몰아내고,
죽어서는 평화가 조용히 눈을 덮습니다.
그리스도께서 살아나셨듯이 저 또한 살아날 것입니다.

오, 모든 것에 충족하신 구주여,
제게 이 충족함이 되소서.
고통도 죄도 죽음도 해칠 수 없나이다,
당신 품에 보호하시는 이 약한 자를.

— 제임스 에드메스턴, '그분 안에서 온전함'

그리스도인들은 우리가 "그분(그리스도) 안에서 온전하다" 내지는 "그분 안에서 충만하다"(골로새서 2:10)는 것이 무슨 뜻일까 자문하곤 합니다. 어떻게 번역하든 간에, 이 성구에는 주목할 만한 진리가 들어 있습니다. 즉, 그리스도께 모든 능력과 권위가 주어졌고 그분은 그것을 우리와 공유하기로 하셨으므로, 우리는 그분 안에서 우리에게 필요한 모든 것을 갖는다는 것이지요. 우리는 복음을 통해 그분과 너무나 긴밀히 연합되어 있으므로 그리스도의 구원 외에 어떤 다른 구원도 필요로 하지 않으며, 그분이 주시는 용서 이외의 다른 용서를, 그분이 말씀을 통해 주시는 가르침 이외의 다른 가르침을 필요로 하지 않습니다. 그분을 통해 우리는 그분께 용납되고 그분께 충성하고 그분처럼 되기 위한 모든 것을 갖고 있습니다. 그분은 우리의 충분한 구주시며, 우리는 그분 안에서 온전하고 충만합니다.

짚어보기　제임스 에드메스턴은 유명한 건축가이자 찬송가 작사가로, 거의 2천 편에 달하는 찬송시를 썼다고 합니다. 그 중 가장 유명한 것이 「주여, 인도하소서 Lead Us, Heavenly Father, Lead Us」입니다. 그는 특히 어린이들을 아꼈으며, 그래서 고아들을 돌보는 자선 사업들을 지원하는 한편 어린이들을 위한 단순한 찬송가 가사도 썼습니다. 건축가로서는 여러 유명한 분수들을 설계했고 그 모티프를 찬송가와 시에도 사용했는데, 다음에 싣는 시도 그중 하나입니다.

묵상하기　골로새서 2:8-15; 에베소서 3:14-19

적용하기　당신이 "그리스도 안에" 있으며 그분 안에서 온전하다, 부족함이 없다고 하는 것은 무슨 뜻입니까? 당신은 실제로 그리스도 안에서 부족함이 없는 것처럼, 당신이 필요로 하는 모든 것에 그분으로 충분한 것처럼 삽니까? 그리스도 아닌 다른 어디에서 당신은 희망이나 도움이나 기쁨을 구하곤 합니까?

32 겸손을 위한 기도

예수여, 저를 돌아보소서.
제게 복된 단순함을 주사
저를 가난하고 낮게 하시어
오직 당신만 알기를 구하게 하소서.

제 분주한 자만심을 채워 주던 모든 것을
영영 내던져 버리게 하시고
제 뜻을 당신 뜻에 굴복하게 하소서.
저를 당신 발치에 두소서.

저를 힘도 지혜도 없는
어린아이처럼 만들어 주소서.
오직 당신의 빛 안에서 보며
당신의 힘으로만 걷게 하소서.

당신의 다정한 품에 기대어
끈한 영혼이 안식하리니
당신의 보배로운 피에서 흘러넘치는
하나님의 평화를 누리게 하소서.

이런 자세로 살며
날마다 호산나를 외치게 하소서.
이런 심정으로 죽어

영원히 호산나를 외치게 하소서!

— 존 베리지, '예수여, 저를 돌아보소서'

겸손보다 더 실천하기 어려운 덕목은 없습니다. 우리는 작고 단순하고 틀릴 수 있는 존재들임에도, 스스로 대단하게 여깁니다. 자신이 바라는 것을 다른 사람들의 바람보다 앞세우며 자신의 뜻을 하나님 뜻보다 앞세우곤 하지요. 우리는 모두 겸손을 배울 필요가 있으며, 그 점에서 예수님보다 더 좋은 스승은 없습니다. 예수님은 가능한 최고의 겸손을 보이셨으니, 그분은 하나님이시고 창세 전부터 존재하셨으며 경배와 찬양을 받기에 합당하신 분이셨음에도, 육신을 입고 이 세상에 들어오기를 택하셨으니 말입니다. 그분은 세상살이의 모든 고생을 겪기로 하셨습니다. 배신당하고 매 맞고 버림받으며 하나님의 진노를 겪는 자리까지 나아가셨지요. 그리고 이 모든 일에서 최고의 겸손을 보여주셨습니다. 그러므로 "하나님이 그를 지극히 높여 모든 이름 위에 뛰어난 이름을 주사 하늘에 있는 자들과 땅에 있는 자들과 땅 아래에 있는 자들로 모든 무릎을 예수의 이름에 꿇게 하시고 모든 입으로 예수 그리스도를 주라 시인하여 하나님 아버지께 영광을 돌리게 하셨다"(빌립보서 2:9-11)라고 하는 것도 무리가 아닙니다.

짚어보기　존 베리지는 영국 성공회 목사였습니다. 그의 사역 초기에는 거의 열매가 없어서 그는 자신이 그리스도인이 아니라는 결론에까지 이르렀다고 합니다. 그러나 회개하고 믿음으로 그리스도를 의지하자 그는 능력으로 설교하게 되었고, 곧 복음 선포로 유명해졌습니다. 훗날 그는 J. C. 라일, 찰스 스펄전 등을 위시한 목회자들로부터 당대의 가장 뛰어난 설교자 중 한 사람으로 인정받게 되었습니다. 그는 많은 시와 노래를 썼으며, 그것들은 나중에 『시온의 노래 Zion's Song』라는 책으로 출간되었습니다.

묵상하기　빌립보서 2:5-11; 야고보서 4:6

적용하기 시인은 "내 분주한 자만심을 채워 주던" 모든 것을 내던져 버리는 것에 대해 말합니다. 당신의 자만심을 채워 주는 것은 무엇이라고 생각합니까? 당신의 뜻을 주님의 뜻에 굴복시키고, 그분 안에서 안식을 얻으며, 그분을 알고자 구하는 것이 어떻게 당신이 자만심을 물리치는 데 도움이 될까요? 당신은 그리스도인으로 살아오는 동안 더 겸손해졌다고 생각합니까? 당신이 신뢰하는 이에게 당신이 겸손한 사람인지 아닌지 물어보면 어떨까요(그런 질문을 한다고 해서 무슨 손해가 되겠습니까).

33 감사의 기도

지극한 마음으로 감사를 가지고
위대하신 분 앞에 나아가 찬양하나이다.
당신의 성소에서 경배하며
당신의 진리와 은혜를 찬양하나이다.
당신의 가장 거룩한 말씀 안에서
진리와 은혜가 함께 빛나나이다.

제가 당신께 부르짖었더니 구원하셨고
은혜의 말씀으로 새로운 용기를 주셨나이다.
땅의 왕들이 당신께 감사하리니
당신의 놀라운 말씀을 들었음이니이다.
찬미의 노래로 나아오니
당신의 길이 위대하고 영광스러움이니이다.

오, 주여, 밝은 영광 중 보좌에 앉으신
당신은 천상의 높은 곳에서 다스리시나이다.
교만한 자들은 당신의 호의를 헛되이 구하나
온유한 자들에게 자비를 베푸시나이다.
제 길이 환란을 통과할지라도
당신이 저를 소성시키시고 힘 주시나이다.

제 적들이 쳐들어올 때에
당신의 강한 팔을 펴사 구해 주시리니
당신이 저를 위해 시작하신 일을

당신의 은혜로 이루시리이다.
당신의 자비가 영원하리니
오, 주여, 나의 창조주여, 저를 생각하소서.

— 작자 미상, '고마운 마음으로 감사를 가지고 나아가나이다'

"주께 감사하며 주의 이름을 찬양하는 것이 좋으니이다"(시편 92:1). 시편 기자는 오래전에 이렇게 노래했고, 이후로 하나님의 모든 백성은 마음에서 우러나는 "아멘!"으로 화답해 왔습니다. 하나님께 감사하는 것은 하나님께 지으심 받고 그분의 자비를 누리도록 복 받은 존재들인 우리에게 당연한 의무입니다. 실은 그저 의무일 뿐 아니라 하나님께 구원받고 그분의 사랑과 돌보심과 구원하시는 은혜의 증거들을 누리도록 복 받은 존재들인 우리의 큰 기쁨이기도 하지요. 하나님을 높이거나 그분께 감사하지 않는 자들에게 그분의 정당한 진노가 내리듯이, 그분을 높이고 그분이 하신 모든 일과 그분의 방식에 대해 감사하는 자들에게는 그분의 축복이 임합니다. 기도할 때 우리 마음이 하나님께 청원을 드리는 것은 정당한 일이지만, 하나님은 어떤 분이시며 어떤 일을 하셨는지 잠시 멈추어 생각하며 하나님께서 받으시기에 합당한 감사를 표현하는 것도 중요합니다.

짚어보기 오랜 세월에 걸쳐 그리스도인들은 성경의 시편을 응용한 수많은 시와 찬송가를 써왔습니다. 다음의 노래는 시편 138편에서 영감을 얻은 것입니다.

묵상하기 로마서 1:21; 시편 92.

적용하기 우리가 하나님께 감사를 표현하는 것이 왜 중요할까요? 우리의 기도와 간구를 감사로 시작하는 것이 어떤 영향을 미칠까요? 오늘 그리고 이번 주 내내 기도할 때마다, 감사로 시작하도록 해보십시오. 그분께 어떻게 감사해야 할지에 대해서도, 그분께 무엇을 구할지에 대해서만큼이나 열심히 생각합니까?

34 저녁 기도

하나님, 땅과 하늘을, 어둠과 빛을 지으신
당신은 일할 낮과 쉴 밤을 주셨사오니
천사들이 저를 지키게 하시고
은혜로운 단잠을 보내 주소서.
거룩한 꿈으로 함께하소서,
밤이 다하도록.

아침이 다시 저를 인생길로 달려가라 부를 때에
무슨 일이 닥치든 당신 뜻에 순종하게 하시고
악의 권세로부터 저를 숨겨 주소서.
좁은 길에서 저를 인도하시고
당신의 미소를 거두지 마소서,
하루 온종일.

깨었거나 잠들었거나 저를 지켜 주시고 제가 죽을 때에
당신의 든든한 보호 안에서 평안히 가게 하소서.
마지막 두려운 부르심이 저를 깨울 때
그때도 주여, 저를 버리지 마소서.
당신의 영광으로 데려가소서,
저 하늘나라로.

거룩하신 아버지여, 하늘 보좌에 앉으신, 거룩하신
성자여,
값없이 주신 성령이여, 복되신 삼위일체여,

은혜 베풀어 주시기를 간구하나이다.
당신 앞에 제 면류관을 드리기까지
더 귀한 선율로 찬미하기까지
세세 무궁토록.

— 레지널드 허버, '땅과 하늘을 지으신 하나님'

하루를 기도로 시작하고 마치는 것이 좋습니다. 잠이 깨자마자 새날을 주님께 바치고, 자러 가기 전에 오늘 하루에 대해 그분께 감사드리는 것이지요. 이렇게 함으로써 다가오는 일들에 대해 그분의 도우심을 청하고 우리가 온전히 살아내지 못한 것들에 대해 그분의 용서를 구할 수 있습니다. 또한 그분이 우리를 시험에서 지켜 주시기를 기도하고 우리가 그분의 힘에 온전히 의지하지 못한 것에 대해 뉘우칠 시간도 갖게 됩니다. 매일 밤 그날 있었던 일들을 되새겨 보고 다음날을 위해 하나님의 축복을 구할 기회도 되겠지요. 이런 식으로 우리는 매일 낮을 그분을 섬기는 데 드리고 매일 밤을 다음날 다시 그분을 섬길 수 있도록 안식하는 데 드릴 수 있습니다. 이런 식으로 우리는 우리 삶을 그분을 섬기는 데 바치고 우리가 죽어서 눈 감을―그리고 그분의 영광스럽고 영원한 현존 가운데 깨어날―마지막 밤에 대해 생각하게 됩니다.

짚어보기 시의 구조를 살펴보십시오. 각 연의 처음 두 행은 무척 길고, 중간 행들은 짧아지다가, 마지막 행은 아주 짧습니다. 시인은 시의 형태를 해가 저무는 것처럼 만들고 있지요. 시각적으로 점점 짧아지는 시행들은 하늘의 해가 저무는 모양을 생각나게 하는 동시에 마치 시를 읊는 음성이 잠들어 잦아드는 것만 같습니다.

묵상하기 고린도전서 15:13-19; 요한계시록 4:1-11.

적용하기 당신에게는 하루를 기도로 시작하는 습관이 있습니까? 하루를 기도로 마치는 습관은 어떻습니까? 성경이 명시적으로 이 두 가지를 명하고 있지는 않더라도, 그런 습관이 당신에게 얼마나 의미 있는 일이 될 수 있을지 생각해 보십시오. 만일 아침저녁으로 기도하는 습관이 들어 있지 않다면, 이번 주부터 그렇게 하는 것을 고려해 보십시오. 이 책의 기도 들을 출발점으로 삼아도 좋을 것입니다.

35 회개의 기도

내 주의 은혜 한이 없으시니
그 인자함으로 저를 두르십니다.
그 선하심을 보면 볼수록
제 삶 또한 더욱 눈에 들어옵니다.
당신 보좌에서 들려오는 음성이
제 잘못을 다정히 보여주시니,
애통하며 죄를 고백하고
당신의 온유와 긍휼하심을 찬양합니다.

이렇게 찬양하는 지금도
제 영은 슬퍼하오니
당신은 상한 심령을 멸시치 않으시며
저의 애통함에 함께해 주십니다.
제 기쁨은 위에서 내려오는 빛 안에 있습니다,
당신의 인자하심이 비추시는 빛 안에.
저의 슬픔은 제 온 삶을 당신 찬양에 바칠
사랑이 부족함을 슬퍼함입니다.

신실하신 구주여, 용서하소서
당신이 보시고 슬퍼하시는 죄를.
당신을 영화롭게 하는 영 안에서
살아가도록 깨우쳐 주소서.
이 어린 것의 많은 허물을 이미 짊어지셨사오니
그래도 다정한 조언을 거듭하여 주소서.

여전히 제가 애통해야 한다면
당신 발치의 아이처럼 애통하게 하소서.

— 애나 워링, '내 주의 은혜 한이 없으시니'

그리스도인의 삶에서 마주하게 되는 뜻밖의 현실 중 하나는 우리가 하나님의 은혜에서 자라면 자랄수록 더 많이 자라야 한다는 것을 더욱 깨닫게 된다는 점입니다. 거룩함에서 자랄수록 얼마나 많은 죄가 남아 있는가를 알게 되고, 하나님의 놀라운 은혜에 감격할수록 우리가 얼마나 자격 없는 자인가를 깨닫게 되지요. 하지만 그것은 슬퍼하거나 낙심할 이유, 포기하거나 물러설 이유가 되지 못합니다. 그보다는 하나님을 한층 더 찬양할 이유지요. 왜냐하면 그것은 그분의 영이 우리 안에서 역사하시며 죄를 미워하고 거룩함을 사랑하게 하신다는 증거이니까요. 그것은 우리가 우리 안에 있는 죄를 더욱 깨닫고 진심으로 죄를 죽이도록, 하나님께서 도와주시기를 겸손히 구하게 하는 원동력이 됩니다. 또한 그것은 우리가 계속 죄를 고백하고 그분의 긍휼을 얻게 만듭니다. 우리는 주님께 더 가까이 나아갈수록, 더욱 신실히 그분을 닮아가기를 원하게 되니까요.

짚어보기   시인은 자신의 잘못들을 보게 해주신 하나님께 감사드립니다. 겸손하게 그런 죄들을 고백하고 뉘우칩니다. 그리고 그처럼 용서해 주시는 은혜에 대해 하나님을 찬양합니다.

묵상하기   시편 51; 누가복음 7:36-50.

적용하기   그리스도를 따르는 많은 사람들이 알게 되는 것은, 그리스도인의 삶에서 성장하면 할수록 더욱 죄를 깨닫게 된다는 것입니다. 그렇게 많은 죄를 죽였는데도, 그렇게 많은 죄가 여전히 남아 있다니요! 대체 왜 그렇다고 생각합니까? 만일 당신도 그런 경험을 했다면, 이 이중의 경험이 당신에게 어떻게 천국을 한층 더 소망하도록 격려하는지요?

36 하루를 마감하는 기도

예수여, 다정하신 목자여, 제 말 들으사
오늘 밤 당신의 어린양을 축복해 주소서.
어둠 속에서 내내 제 곁에 계시고
아침이 오기까지 제 잠을 지켜 주소서.

오늘 하루도 당신의 손이 저를 이끄셨으니
당신의 돌보심에 감사하나이다.
당신은 저를 따뜻이 입히고 먹이셨으니
제 저녁 기도를 들어주소서.

제 모든 죄를 용서하시고
제가 사랑하는 이들을 축복해 주소서.
제가 죽으면 하늘나라로 데려가사
거기서 당신과 복되게 하소서.

— 메리 런디 덩컨, '저녁 찬가'

때로는 가장 단순한 진리가 가장 힘이 되고, 가장 단순한 노래가 평생 마음에 남는 노래가 됩니다. 죽어가는 그리스도인이 주위에 모인 가족에게 어린 시절의 노래를 불러 달라고 청했다는 말도 종종 듣습니다. 그에게는 가장 근본적인 진리에 대한 가장 기본적인 가르침이 되었던 노래지요. 우리 중 가장 훌륭한 자라고 해도 목자이신 주님 앞에서는 어린양에 지나지 않으니까요. 약하고 무방비해서 목자에게 전적으로 의지하지 않을 수 없는 존재 말입니다. 우리는 평생에 걸쳐 지혜와 성숙도에서 자랄 수 있고 또 마땅히 그래야 하지만, 하나님 앞에서는 그리고 주님의 임재에 이를 때의 우리 모습에 비하면 여전히 갓난아이일 뿐입니다. 그러므로 하루를 마감할 때나 생애를 마감할 때나, 우리에게 가장 도움이 되는 것은 우리 마음을 채우고 우리 입으로 되뇌게 되는 가장 단순한 진리들입니다.

짚어보기   시인은 하나님과 그분의 백성 사이의 관계를 나타내는 성경의 가장 단순하고도 사랑스러운 비유, 즉 어린양을 돌보는 다정한 목자의 비유에 기대어 이 시를 썼습니다. 우리는 아무리 장성하고 힘이 세고 독립적이 되었다고 해도, 우리가 선하신 목자의 돌봄을 받는 어린양이라는 생각에서는 항상 유익을 얻을 것입니다.

묵상하기   시편 80:1; 고린도전서 14:20.

적용하기   당신이 그리스도인으로 살아오는 동안 가장 힘이 되었던 단순한 찬송가나 시는 어떤 것들입니까? 고통과 슬픔의 때, 모든 것이 불확실한 때에 당신의 영혼에 위로가 되었던 가장 단순한 진리는 어떤 것들입니까?

37 그리스도의 도우심을 구하는 기도

내 안에 아무 도움 없으니
찾을 만큼 찾아보았건만
내 타고난 보물이라야
죄와 사망, 그리고 지옥.

내 달아나 도움 얻을 곳은
길 잃은 죄인들의 벗 되신 그리스도,
아늑하고 확실하고 가까운 피난처
내 믿을 곳은 그곳뿐이네.

다른 모든 피난처가 무너지며
내 마음에 평안을 주지 못하나
이곳만이 영원히 든든하여
죄인에게 안식을 주네.

주여, 당신의 찔리신 옆구리에
저를 값없이 받아주소서,
그곳에서 제 거할 곳을 구하오니
거기서 저의 죄가 숨으리이다.

— 존 베리지, '내 안에 아무 도움 없으니'

신이 있다고 말하는 종교는 많지만, 대부분의 경우 그 신은 멀고 알 수 없는 신, 한낱 인간들과는 아무 관계도 갖지 않는 신입니다. 그리스도교 신앙의 가장 소중하고 현저한 특징 중 하나는 하나님과 인간 사이의 우정을 말한다는 데 있습니다. 그리스도교 신앙만이 하나님이 인간이 되셨다고 선포하지요. 예수께서 인간의 본성을 취하셨지만 신적 본성은 전혀 줄어들지 않았다고 말입니다. 하나님이신 그분은 인간 앞에서 하나님을 나타내시고, 인간이신 그분은 하나님 앞에서 인간을 나타내십니다. 그럼으로써 그분은 완벽한 중재자이셨을 뿐 아니라 하나님의 아들이요 죄인들의 친구가 되셨습니다. 십자가에 달리시기 직전에 그분은 제자들에게 이렇게 말씀하셨고, 그 말씀은 오늘 우리에게 하시는 말씀이기도 합니다. "이제부터는 너희를 종이라 하지 아니하리니 종은 주인이 하는 것을 알지 못함이라 너희를 친구라 하였노니 내가 내 아버지께 들은 것을 다 너희에게 알게 하였음이라"(요한복음 15:15). 예수께서는 겪으신 고난과 죽음과 부활을 통해 우리를 하나님 아버지와 화목케 하셔서 우리가 생명을 얻고 하나님 자신과 아름다운 우정의 관계를 누릴 수 있게 하셨습니다.

짚어보기 시인이 자신을 위해 쓴 묘비명을 통해 그 자신의 삶을 묘사하게 해보아도 좋을 것입니다. "여기 에버튼의 교구목사요 예수 그리스도의 종 된 나그네였던 존 베리지 잠들다. 그는 주인과 그분이 하시는 일을 사랑했고, 여러 해 동안 주인의 심부름을 하다가, 위에 계신 그분을 섬기러 불려갔다. 읽는 이여! 그대도 거듭났는가? (중생 없이는 구원이 없다.) 나는 1716년 2월 죄 가운데 태어나서 1730년에야 그 타락한 상태를 알게 되었다. 이후 1754년까지 믿음을 가지고 구원을 위한 사역을 하며 당당히 살다가, 1755년에 에버튼 교구목사가 되어 그리스도의 품 안으로 피신했으며, 1793년 1월 22일 예수 안에서 잠들었다."

묵상하기 요한복음 15:15; 마태복음 9:10-13.

적용하기 사람들은 흔히 자립자조의 가치를 말하지만, 시인은 첫 연에서부터 "내 안에 아무 도움이 없다"고 선언합니다. 당신도 이런 것을, 자신의 힘만으로는 살 수 없다는 것을 경험한 적이 있습니까? 아마 당신은 그리스도인이므로 자신이 하나님의 벗이라는 것을 머리로는 알 것입니다. 하지만 그것이 얼마나 아름다운 일인지 마음으로 느껴 본 적이 있습니까? 당신이 하나님의 친구이며 그분이 당신의 친구임을 안다는 것이 당신에게는 어떤 의미입니까?

38 자비를 구하는 기도

주여, 당신의 은혜의 보좌로 나아갑니다.
그곳에는 자비가 넘치니
저의 죄에 긍휼을 베풀어 주시고
제 영혼의 깊은 상처를 고쳐 주소서.

주여, 제가 감히 바라는 것을
거듭 아뢸 필요가 없사오니
당신은 아시나이다, 제가 구하기도 전에
제가 가장 원하는 것을.

자비를, 주여, 자비를 구하오니
이것이 전부입니다.
자비가 제가 바라는 전부이오니
당신의 자비를 베풀어 주소서.

―작자 미상, '제 영혼을 고치소서'

하나님이 자신의 본성에 대해, 자신이 어떤 분이신가에 대해 우리에게
알려 주신 것이 많이 있습니다. 그중에서도 하나님은 자비로우시다는 것
만큼 소중한 속성도 드물 것입니다. 자비롭다는 것은 다른 사람들을 연
민의 마음으로 대하고 용서를 베푸는 것이며, 하나님의 그런 자비는 성
경의 주된 주제 중 하나입니다. 그것은 창세기부터 요한계시록까지, 인
류의 죄와 타락에서부터 장차 이루어질 하나님의 완전하고 최종적인 회

자비를 구하는 기도

복에 이르기까지, 일관되게 펼쳐집니다. 하나님께서 불순종한 아담과 이브를 대번에 멸망시키지 않으신 것도 자비였고, 불평하는 자기 백성을 길이 참아주신 것도 자비였으며, 바벨론에 포로가 되어 끌려갔던 백성을 구해 주신 것도 자비였습니다. 그리고 물론, 예수님을 십자가에 보내신 것도 자비였으니, 그런 은혜와 사랑의 행동만이 우리를 우리 죄에서 구원하고 하나님과 화목하게 할 수 있는 것이지요. 오늘날도 우리가 죄를 지을 때 하나님께서 우리를 용서하시고 우리가 저버린 하나님과의 관계를 회복시켜 주시며 우리를 그분이 뜻하시는 존재로 빚으시는 일을 계속하시는 것이 모두 하나님의 자비입니다. 그러니 그분의 인자한 자비에 대해 하나님을 찬양하는 것이 마땅합니다!

짚어보기   윌리엄 개즈비(1773-1844)는 19세기 영국 성직자였습니다. 그가 교회에 기여한 일 중 한 가지는 『회중 예배를 위한 찬가 선집』이라 제목을 붙인 찬송가집을 편찬한 것입니다. 이 찬송가집은 널리 사용되었으며, 유명한 저자의 인기 있는 찬송가뿐 아니라 여기 싣는 시처럼 저자가 알려지지 않은 찬송가들도 많이 싣고 있습니다.

묵상하기   출애굽기 34:6; 마태복음 5:7

적용하기   저자는 자기 영혼의 상처를 고치는 것, 자신이 가장 원하고 갈망하는 것이 자비라고 말합니다. 무엇이 어떤 사람으로 하여금 이런 식으로 자비를 '갈망'하게 할까요? 그런 바람이 당신 영혼의 갈망이었던 적이 있습니까? 하나님이 자비하시다는 것이 당신에게는 어떤 의미입니까? 당신은 개인적으로 하나님의 자비를 어떻게 경험했습니까?

39 성경에 대해 하나님을 찬미하는 기도

주여, 당신의 거룩한 말씀이 얼마나 귀한지요,
깊은 낙심에 빠진 영혼들에게
얼마나 귀한 빛과 기쁨이 되는지요!
당신의 교훈이 제 불확실한 길을 인도하시고
당신을 경외함이 제 발을 방황치 않게 하시며
당신의 약속이 안식으로 인도합니다.

당신의 경책이 제 졸음겨운 눈을 깨우고
제게 위험한 곳들을 알려 줍니다.
하지만 주여, 당신의 복음이야말로
죄된 양심을 깨끗게 하고
영혼을 돌이키며 죄를 정복하며
값없이 상을 줍니다.

—아이작 와츠, '주여, 당신의 거룩한 말씀이 얼마나 귀한지요'

성경에서 하나님이 "내 마음에 합한 자"(사무엘상 13:14)라고 유일하게 말씀하신 사람이 다윗입니다. 그러니 그가 하나님의 말씀을 사랑하는 사람이었다는 것은 놀랄 일이 못 되지요. "내가 주의 율법을 얼마나 사랑하는지요!"라고 그는 외칩니다. "내가 그것을 종일 작은 소리로 읊조리나이다"(시편 119:97). 하나님의 율법은 완전하고 확실하고 정직하고 순결하고 마음에 기쁨을 주며 많은 순금보다 더 사모할 것이라고 그는 말합니다(시편 19). 그분의 말씀을 읽으며 우리도 다윗만큼 성경을 사랑하는지

자문해볼 만합니다. 다윗은 성경의 적은 부분밖에 알지 못했던 데 비해 우리는 훨씬 더 많은 것을 갖고 있다는 사실을 염두에 두고서, 다윗이 하나님의 부분적인 계시를 사랑했던 만큼 우리가 하나님의 완전한 계시를 사랑하는지 생각해 볼 만합니다. 하나님께서 그분의 완전무오하고 충분한 말씀 속에서 우리에게 어떤 보물을 주셨는지 음미해 볼 만합니다.

짚어보기 아이작 와츠는 유명한 목사이자 신학자로, 가장 뛰어난 그리스도교 찬송가 작가 중 한 사람입니다. 찬송가를 대중화하고 교회가 시편만을 노래하던 데서 탈피하게 만들었으므로, 그는 영국 찬송가의 아버지로 여겨지기도 합니다. 그는 평생 8백 편 가까운 찬송가를 썼으며, 그중 다수가 오늘날도 널리 불리며 사랑받고 있습니다. 그 대표적인 것이 「주 달려 죽은 십자가 When I Survey the Wondrous Cross」(새찬송가 149), 「기쁘다 구주 오셨네 Joy to the world」(새찬송가 115), 「햇빛을 받는 곳마다 Jesus Shall Reign Where'er the Sun」(새찬송가 138) 등입니다. 찬송가를 쓰는 외에도, 그는 여러 권의 시집을 냈으며 그 대부분이 신앙적인 것들입니다.

묵상하기 시편 19; 시편 119:97-104

적용하기 이 시에서 와츠는 하나님의 말씀이 주는 유익으로 어떤 것들을 꼽고 있습니까? 마지막 연에서 그가 복음의 유익들을 어떻게 묘사하는지 주목해 보십시오. 당신도 진심으로 하나님의 말씀을 사랑한다고 말할 수 있습니까? 당신이 깊은 낙심에 빠졌을 때 성경이 준 "기쁨과 빛"을 증거할 수 있습니까? 만일 그렇지 않다면, 시간을 내어 그런 유익들을 묵상해 보고 당신도 그분의 말씀을 더욱 사랑하게 해주시기를 주님께 구하십시오.

40 영의 힘을 구하는 기도

오소서, 주여, 생명을 주시는 영이여,
만세 전부터의 하나님이여!
당신의 권능이 저를 저버리지 않고
항상 제 안에 내주하게 하소서.
그러면 진리와 생명과 빛이
밤의 모든 어둠을 몰아낼 것입니다.

제 마음에 넘치게 주소서,
지혜와 교훈과 순결함을,
제가 당신을 기쁘시게 하는 것만을
항상 구할 수 있도록.
당신을 아는 지식이 뻗어나고 자라나
그릇된 모든 것을 물리치게 하소서.

주여, 보여주소서, 복된 길을.
제가 그 길에서 벗어날 때에
저의 적들을 당신 등 뒤로 던져 버리시고
날마다 저와 함께하소서.
제가 그 길에서 벗어난다면 다시 불러 주시고
제가 실족할 때 회개하게 하소서.

성령이여, 강하고 능하신 영이여,
만물을 새롭게 하시는 당신이
제 안에서 당신의 일을 온전하게 이루사

악한 적을 제압하소서.

제게 싸움의 무기를 주시고

제 삶에 승리의 관을 씌워 주소서.

　　　　　　　　　　　　　　　　　　－하인리히 헬트,

　　　　'오소서, 생명을 주시는 영이여'(찰스 W. 쉐퍼 번역)

하나님은 우리 영혼을 구원하시는 바로 그 순간에 우리 안에 거하는 죄의 마지막 흔적까지 뿌리뽑으실 수도 있을 것입니다. 그런데 그분은 선하신 뜻과 목적 안에서 우리에게 평생 죄와 싸우라고 하셨습니다. 꾸준히 끈질기게 우리 안에 있는 "땅에 속한 지체의 일을 죽이라"(골로새서 3:5)고 말입니다. 우리는 하나님을 대적하는 모든 악한 것, 그분께 반역하는 모든 것을 분별하여 뉘우치고 죽여야 합니다. 동시에 우리는 무엇이 선한가를 배우며 하나님을 높이고 그분을 닮아 가는 모든 것을 익혀, 이를 살려 내야 합니다. 이것이 모든 그리스도인의 위대한 과업이지요! 우리는 주께서 우리를 부르실 때까지 이 일이 완성되지 않을 줄을 알지만, 그래도 당당히 걸음을 떼어놓을 수 있음을 자신합니다. 어떻게 그렇게 확신하느냐고요? 왜냐하면 하나님이 우리에게 바로 이 목적을 위해 성령을 주셨기 때문이지요. 우리 안에 내주하시며 우리를 진리로 인도하시고 우리를 안에서부터 밖으로 다시 만드시기 위해서 말입니다.

짚어보기　　이 시를 읽고 주님께 기도하면서, 저자가 드리는 여러 가지 청원에 주목해 보십시오. 하나님을 기쁘게 하는 것을 구하기 위해 확고한 힘을, 성장하고 벗어나가기 위해 하나님의 지식을 구하고 있습니다.

묵상하기　　요한복음 16:12-15; 골로새서 3:5-17.

적용하기　　저자가 드리는 다양한 청원에 주목하면서, 당신이 자신의 삶에서 보아 온 하나님의 성결케 하시는 은혜의 증거들을 되새겨 보십시오. 당신은 어디에서 성령이 당신을 변화시키시며 안에서부터 다시 만드시는 것을 보았습니까? 그분의 은혜와 기도 응답의 이 증거들에 대해 하나님께 감사드리는 시간을 가지십시오.

41 정오를 위한 기도

빛의 아버지여, 당신께로부터
모든 선하고 완전한 은사가 내려옵니다.
그러니 제가 감사하는 마음으로 올려드리는
찬양의 기도를 들어주소서.

당신을 찬양하오니, 창조주여,
흙으로 저를 지으셨으며
제 영혼으로 하여금 당신 이름을 사랑하고
경배하고 순종하게 하시기 때문입니다.

당신을 찬양하오니, 보전하시는 이여,
주신 영혼을 생명으로 붙드시기 때문입니다.
당신 사랑을 절반도 말하기 전에
낮이 저물어 밤이 될 것입니다!

당신을 찬양하오니, 구주여
제 영혼을 죽음에서 해방하시고
당신 자신의 대속의 피로
제게 영원한 평화를 얻어 주시기 때문입니다.

지으시고 보전하시며 구원하시는 주여!
어찌 이루 감사할 수 있을는지요.
당신을 어떤 이름으로 부르든
당신께로부터 그 모든 복이 흘러나옵니다.

당신은 어두워진 세상에
천상의 빛을 부어 주셨으며,
당신의 지극히 거룩한 말씀 안에서
천국에 대해 말씀하시고 길을 보여주셨습니다.

정오의 햇빛이 널리 퍼지듯
당신의 말씀을 널리 펼치소서.
당신의 이름으로 구하나이다,
지으시고 보전하시고 구원하시는 주여!

─ 조지 도운, '정오'

다윗은 가장 힘든 처지였을 때 어디에 의지해야 할지 알고 있었습니다. "저녁과 아침과 정오에 내가 근심하여 탄식하리니 여호와께서 내 소리를 들으시리로다"(시편 55:17). 비통한 가운데 그는 아침에 일어나면서부터 저녁에 눕기까지 내내 하나님께 의지할 필요가 있음을 이해했던 것입니다. 그는 하나님이 아침과 정오와 밤에 그가 드리는 기도에 기꺼이 귀기울이신다는 것을 알고 있었습니다. 그는 우리가 슬프거나 기쁘거나 간에 마땅히 숙고해야 할 기도의 본을 제시합니다. 이것은 시작되는 하루를 주님께 드리는 기도로 시작하여, 하루의 중간에 주님을 찬양하고, 아직 남은 시간을 위해 그분의 도우심을 구하는 기도로 이어지며, 하루를 돌아보고 죄를 고백하며 밤을 지나는 동안 하나님의 축복을 구하는 기도로 마무리됩니다. 이런 식으로 우리는 삶 전체를 규칙적으로 기도에 바칠 수 있으며, 그럼으로써 우리 하나님께 겸손히 의지할 수 있게 됩니다.

짚어보기   시인은 하나님께 감사드리고자 하며, 하나님을 창조주요 보전자요 구주로 인식하는 3중 패턴을 사용하고 있습니다. 그는 하나님에 대한 이런 지식의 원천이 그분의 말씀에 있다고 하며, 말씀이 정오의 태양처럼 분명히 보이기를 기도합니다.

정오를 위한 기도

묵상하기 데살로니가전서 5:17; 누가복음 18:1-8

적용하기 당신은 "쉬지 말고 기도하라"(데살로니가전서 5:17)라는 하나님의 말씀을 어떻게 받들어 행하고 있습니까? 당신의 삶에서 가장 도움이 되었던 기도의 방식은 어떤 것들입니까?

42 하나님을 신뢰하는 기도

오, 주여, 귀를 기울이사 들어주소서.
저는 가난하고 궁핍하오니
제 영혼을 보존하소서, 주를 경외하오니
오 하나님, 당신을 신뢰하는 종을 돌아보소서,

오, 주여, 제게 은혜를 베푸소서.
제가 종일 주께 부르짖사오니
당신의 종을 기쁘게 하소서.
당신을 우러러보오니, 오 지존하신 주여.

오, 주여, 당신은 선하시고 인자하시며
용서하시기를 즐거워하시오니
전심으로 당신을 부르는 자는
풍성한 은혜를 얻으리이다.

오, 주여, 제게 귀를 기울이시고
제가 간구하는 소리를 들으소서.
환난 가운데 주께 부르짖으리니
저의 간구에 응답하시리이다.

주 외에 다른 신이 없사오며
주의 행하심 같은 일도 없나이다. 오, 지존하신 주여,
모든 나라가 와서 주의 보좌를 둘러싸고
그들의 창조주께 영광을 돌리리이다.

주의 모든 행하심이 얼마나 위대하신지요!
주만이 참된 하나님이시니 주의 길을 분명히 보이시
고
제게 나뉘지 않은 마음을 가르치사
주의 진리를 신뢰하며, 주의 이름을 경외하게 하소
서.

– 그리피스 휴 존스, '믿고 구함'

큰 곤경에 처할 때, 우리는 그 괴로움의 원인에 골몰하는 것 말고는 하기 어렵습니다. 우리가 잃어버린 것이나 지금 당장 견뎌내야 하는 것을 생각에서 떨쳐버릴 수 없게 됩니다. 이해할 만한 일이기는 하지만, 그에 따르는 위험이 있습니다. 즉, 우리가 처한 상황에 비추어 하나님을 해석하려는 유혹을 받게 되는 것입니다. 다시 말해, 우리 상황이 이토록 고통스러운 걸 보면 하나님은 선하시지 않거나 우리를 사랑하지 않는가 보다고 지레짐작해 버리는 것이지요. 그런 고뇌의 때에 우리가 해야 할 것은 마음을 주께로 향하고, 그분의 어떠하심과 그분이 하신 일에 초점을 맞추며, 그분의 성품을 기억하고 그분의 행하심을 되새겨 보는 것입니다. 그럴 때 비로소 우리는 우리 상황을 제대로 해석할 수 있게 됩니다. 우리를 사랑하시는 하나님, 우리를 구원하신 하나님, 우리를 그분의 존전으로 인도하시겠다고 약속하신 하나님, 그분을 사랑하는 자들에게는 모든 일이 합력하여 선을 이루게 하겠다고 약속하시는 하나님께 비추어서 말입니다.

짚어보기 이 시는 시편 86편의 처음 11행을 행별로 묵상한 것입니다. 일단 한 번 읽은 다음, 시편 86편을 읽고 다시 처음부터 읽어 보십시오.

묵상하기 로마서 8:28; 에스라 8:22

적용하기   큰 곤경의 시기를 견뎌내야 할 때, 당신은 처한 상황을 제대로 해석하고 있는지 어떻게 알 수 있을까요? 자신의 괴로움에만 몰두하는 대신 어떻게 하면 생각의 초점을 하나님께 맞출 수 있을까요? 성경의 어떤 대목들이 이 점에서 당신에게 길잡이가 될 수 있을까요?

43 마지막 때를 위한 기도

다시 한 번, 오, 주여, 당신의 징조가
온 하늘에 펼쳐지게 하소서.
땅과 그 거민들이
두려움에 떨게 하소서.
당신은 더 이상 연약함을 입고서
저의 죄와 슬픔을 지기 위해서가 아니라
아버지의 권능을 두르시고
그분의 심판을 선포하시기 위해 오실 테니까요.

그 무서운 날의 공포를
오, 누가 다 알 수 있겠습니까?
진노한 당신이 거룩한 손을 쳐드실 때
누가 견딜 수 있겠습니까?
땅이 진동하고 바다가 울부짖으며
하늘의 해가 창백해질 것입니다.
하지만 당신은 맹세하셨고 변치 않으시리니
당신의 신실한 자들을 버리지 마소서.

주여, 제게 허락하소서.
이 땅에서 저의 시간을 떨림으로 보내고
하늘의 구름 위로
당신의 영광이 나타날 때에
제 기쁜 머리를 들고
승리하여 일어나서

당신의 천사들과 함께 들어가게 하소서,
하늘에 있는 당신의 궁전으로.

— 조지 도운, '다시 한 번, 오, 주여, 당신의 징조가'

예수 그리스도께서는 육신으로 이 땅에 오실 때, 연약함 가운데 오셨습니다. 우리 모두처럼 어머니에게 의존하지 않을 수 없는, 무력한 아기로 오셨지요. 예수 그리스도께서는 이 땅에 사실 때, 연약함 가운데 사셨습니다. 배고픔과 고단함, 슬픔과 비통함을 아는 인간으로 사셨지요. 예수 그리스도께서는 이 땅에서 죽으실 때, 연약함 가운데 죽으셨습니다. 십자가 위에서 상하시고 버림받으셨지요. 하지만 그분이 이 땅에 다시 오실 때에는 연약함이라고는 찾아볼 수 없을 것입니다. 왜냐하면 "하나님이 그를 지극히 높여 모든 이름 위에 뛰어난 이름을 주사 하늘에 있는 자들과 땅에 있는 자들과 땅 아래에 있는 자들로 모든 무릎을 예수의 이름에 꿇게 하시고 모든 입으로 예수 그리스도를 주라 시인하여 하나님 아버지께 영광을 돌리게 하실"(빌립보서 2:9-11) 테니까요. 그분이 다시 오실 때는 연약하고 조용한 모습이 아니라 권능으로 당당히 오실 것이고, 우리 죄를 지시기 위해서가 아니라 온 세상의 죄를 심판하기 위해 오실 것입니다. 가장 좋은 것은, 그분이 다시 오셔서 우리가 그분과 함께 살고 그분과 함께 다스리며 그분의 완전한 현존 가운데서 영원히 살게 하시리라는 것입니다.

짚어보기 이 시는 강하고 울림이 큰 언어를 사용하고 있으며, 그 상당 부분이 그리스도의 재림의 순간을 포착하려는 것입니다. 뒤로 가면서 분위기가 바뀌는 것을 눈여겨보십시오. 겁에 질려 있던 데서 기쁘게 승리하는 분위기로, 맞서던 데서 위로하는 분위기로 바뀌고 있지요.

묵상하기 빌립보서 2:9-11; 데살로니가전서 4:16-18

적용하기 그리스도께서 다시 오셔서 모든 잘못된 것을 바로잡고 모든 것을 새롭게 하시리라는 소망이 어떻게 당신이 오늘의 시련을 이겨내는 힘이 됩니까? 당신은 그리스도의 재림을 위해 열심히 기도합니까? 당신과 당신이 사랑하는 이들이 그 마지막 때에 준비되어 기다릴 수 있도록 열심히 기도하고 있습니까?

44

끝까지 충성하기 위한 기도

오, 예수여, 제가 약속했나이다,
끝까지 당신을 섬기겠다고.
언제까지나 제 가까이 계시며
저의 주인이자 친구가 되어 주소서.
주께서 제 곁에 계시면
전쟁도 두렵지 않으며,
주께서 제 인도자가 되시면
옳은 길에서 벗어나지도 않을 것입니다.

오, 주께서 제 가까이 계신 것을 깨닫게 해주소서.
세상은 늘 가까워
그 현란한 광경들이 눈에 보이고
유혹하는 소리들이 귀에 들립니다.
주위에나 제 안에
저의 적들이 늘 가까이 있습니다.
하오나 예수여, 더 가까이 오시어
제 영혼을 적에서 지켜 주소서.

오, 주께서 말씀하시는 것을 듣게 하소서,
정념의 폭풍우 너머
나직이 자제력을 일깨우시는
맑고 잔잔한 주의 음성을.
오, 제게 말씀하사 안심시켜 주소서.
서두르라거나 멈춰 서라고!

오, 말씀하사 제가 듣게 하소서.
제 영혼의 보호자시여!

오, 예수여, 주를 따르는 모든 이들에게
약속하셨나이다,
주께서 영광중에 계신 그곳에
주의 종도 있게 되리라고.
예수여, 끝까지 주를 섬기기로
저 또한 약속했사오니
제게 은혜를 베푸사 따르게 하소서,
저의 주님이시요 친구이신 당신을.

—존 어니스트 보드, '오, 예수여, 제가 약속했나이다'

그리스도인들은 오래전부터 믿어왔습니다. 우리가 회개와 믿음으로 진정 그리스도 앞에 나아왔다면 그 믿음에서 결코 떨어지지 않으리라고, 한번 의롭다 하심을 입은 자들은 결코 그것을 잃지 않을 것이며 성령께서 내주하시는 자는 결코 성령에게 버림받지 않으리라고요. 하지만 또 한편으로 그리스도인들은 우리가 그리스도를 믿지 않으면서 믿었다고 자신과 다른 사람들을 속일 수 있다는 데도 동의해 왔습니다. 그러므로 우리는 우리의 "부르심과 택하심"(베드로후서 1:10)을 굳게 하는 데 힘써야 하지요. 우리는 스스로 속을 수도 있음을 아는 만큼, 자신이 그리스도인으로서 부름받은 삶을 살고 있는지, 정말로 죄를 죽이고 의를 향해 살고 있는지, 주 예수 그리스도와의 관계에서 갈수록 더 큰 기쁨을 발견하고 있는지 늘 점검해야 합니다. 그리고 항상 기도해야 합니다. 하나님께서 그분의 성령으로 우리를 지켜 주시어 우리가 그분을 기쁘시게 하는 삶을 살고 우리 경주를 끝까지 잘 달려 영원히 그분과 함께 살 수 있도록 말입니다.

짚어보기 시인은 자신이 죽는 날까지 예수를 섬기기로 약속했다는 말로 이 시를 시작합니다. 하지만 이 일이 쉽지 않으리라는 것은 그도 아는 듯, 둘째 연을 보면 그가 자기 삶을 다스리는 데 도전이 되는 원수들과 시험들의 긴 목록이 나오지요. 그러므로 셋째 연에서 그는 하나님께 간구합니다. 그런 도전들을 극복하는 데 필요한 것을 주십사고요. 마지막 연에서는 자신이 약속했던 것으로부터 예수께서 약속하신 것으로 마음을 돌립니다. 주 예수께서 끝까지 신실하시겠다는 최종적이고 확실한 약속으로요.

묵상하기 요한복음 12:26; 베드로후서 1:5-11.

적용하기 당신은 자신의 구원에 대한 의심과 싸워 본 적이 있습니까? 그럴 때 어디서 위로를 구합니까? 그런 일을 당연히 여기는 대신, 오늘 당장 시간을 내어 주님께 기도하는 것이 좋습니다. 끝까지 버틸 은혜를 주십사고요. 성경의 격려에 더하여, 당신의 삶에서 은혜의 증거를 지적해 줄 사람들의 말을 들어 보는 것도 도움이 될 수 있습니다. 당신의 삶을 살피고 당신이 그리스도인의 표지들을 지니고 있는지 어떤지 말해 줄 사람들이 있습니까? 만일 그렇다면 오늘 당장 그들의 조언을 청해 보면 어떨까요.

45 듣고 행동하기 위한
기도

주여, 제게 말씀하사 저도 말하게 하소서,
당신 음성의 살아있는 메아리로.
당신이 찾으신 것처럼 저도 찾게 하소서,
당신의 길 잃은 외로운 자녀들을.

오, 저를 인도하사, 주여, 저도 인도하게 하소서,
방황하며 흔들리는 발들을.
오, 저를 먹이사, 주여, 저도 먹이게 하소서,
당신의 주린 자들을 감미로운 만나로.

오, 저를 강하게 하사 제가
반석 위에 든든히 서서 당신의 능력으로
사랑의 손을 뻗치게 하소서,
성난 바다와 싸우는 이들에게.

오, 저를 가르치사, 주여, 저도 가르치게 하소서,
당신이 제게 주신 귀한 것들을.
제 말에 날개를 달아주소서,
수많은 마음의 깊은 속까지 닿을 수 있도록.

오, 당신의 감미로운 안식을 제게 주사
저도 위로와 힘이 되는 말을 하게 하소서,
곤고한 때의 지친 이들에게
당신이 말씀하시는 듯 꼭 알맞은 말을.

오, 저를 당신의 충만함으로 채우사, 주여,
제 마음이 넘쳐흐르게 하소서.
감동의 생각으로 빛나는 말로
당신의 사랑을 찬미하게 하소서.

오, 저를 쓰소서, 주여, 저라도 써주소서,
당신이 뜻하시는 대로 언제 어디서나.
당신의 복되신 얼굴을 보고
당신의 안식과 기쁨과 영광에 이르기까지.

– 프랜시스 R. 해버걸,
'주여, 제게 말씀하사 저도 말하게 하소서'

하나님께서는 여러 가지 방식으로 자기 백성을 축복하시며, 우리에게 그리스도 안에서 우리 것인 보물을 아낌없이 부어 주시지요. 우리가 차츰 알게 되는 것은 하나님께서 우리를 축복하시는 것이 특별한 목적을 위해서라는 사실입니다. 즉, 그분은 우리도 다른 사람들에게 축복이 될 수 있게 하시기 위해 우리를 축복하시는 것입니다. 그분이 은혜로 주시는 이 선물들은 이기적으로 쟁여 두거나 자기만 끌어안고 있을 것이 아니라 다른 사람들과 기쁘게 나누어야 합니다. 우리가 하나님의 말씀을 더 잘 이해하게 해달라고 기도하는 것은 다른 사람들도 그것을 더 잘 이해하도록 돕기 위해서이고, 영적인 또는 신체적인 힘을 주십사고 기도하는 것은 약하고 넘어지는 다른 사람들을 붙들어 주기 위해서이며, 하나님을 더욱 사랑하게 해주십사고 구하는 것은 이 사랑이 흘러넘쳐 다른 사람들을 섬기기 위해서입니다. 하나님께서 우리에게 이런 선물들을 주시는 것은 우리가 그리스도 안에서 형제자매 된 이들에게 선물이 되게 하시기 위해서입니다.

짚어보기   시인이 사용하는 수많은 동사들을 보십시오. 말하다, 찾다, 인도하다, 먹이다, 서다, 뻗치다 (speak, seek, lead, feed, stand, stretch) 등—이 동사들은 이 시의 관건으로, 그녀가 다른 사람들에게 주고자 하는 섬김이 어떤 것인지 보여줍니다.

묵상하기   베드로전서 4:10-11; 고린도전서 4:7.

적용하기   하나님은 당신에게 어떤 재능을 주셔서 다른 사람들에게 축복이 되게 하셨습니까? 당신은 하나님이 주신 재능을 어떻게 신실하게 사용하여 다른 그리스도인들을, 특히 당신의 지역 교회 안에서 섬기고 있습니까? 하나님께서 당신을 부르고 계신 어떤 새로운 섬김의 방식들이 있습니까?

46 삼위일체 하나님을 찬양하는 기도

높이 계신 하나님께 영광,
그분의 영광이 하늘을 채우네.
땅에는 평화, 하늘의 사랑받은
이에게 용서가 임하네.

찬양, 지으신 만물들아 찬양하라!
찬양, 영원하신 주님을 찬양하라!
당신의 모든 영광을 고백하나이다,
끝없고 셀 수 없는 영광을.

성령이여, 당신을 고백하나이다,
오, 그리스도여, 독생자이신 당신을!
죄인들을 위해 죽임당한 하나님의 어린양
반역한 인간들의 구원자 되시네.

지극히 높으신 하나님의 이름을 찬양하라,
그분을 찬양하리, 하늘 아래 있는 모든 것들아,
그분을 찬양하라, 하늘의 천군천사들아,
성부 성자 성령을 찬양하라.

―찰스 웨슬리, '높이 계신 하나님께 영광'

우리는 하나님의 선하심과 그분과의 관계 안에 있다는 경이로움에 압도

된 나머지 그저 그분의 이름을 찬양할 수밖에 없을 때가 있습니다. 하나님이 어떤 분이신지 생각하면 입 다물고 있을 수 없어지는, 눈물이 그치지 않는 때도 있습니다. 하나님이 하신 일을 생각하면 손이 절로 들리고 무릎이 꿇어질 수밖에 없는 때도 있습니다. 이런 때에 우리는 예수님이 그분을 찬양하는 무리를 못마땅해 하는 바리새인들을 향해 하신 말씀이 얼마나 지당한가를 절감하게 됩니다. "내가 너희에게 말하노니 만일 이 사람들이 침묵하면 돌들이 소리 지르리라"(누가복음 19:40). 하나님 앞에서는 "산들과 언덕들이 노래를 발하고 들의 모든 나무가 기쁨으로 손뼉 치리라"(이사야 55:12)고 했던 이사야의 말을 떠올리게도 되고요. 이런 때에 우리는 마음을 다하여 외치며 기쁨과 경이로움으로 외치는 것이 마땅합니다. "높이 계신 하나님께 영광!"이라고요.

짚어보기 찰스 웨슬리만큼 위대한 유산을 남긴 찬송가 작가는 거의 없습니다. 그는 형인 존 웨슬리, 또 이들 형제의 친구였던 조지 휫필드와 더불어, 감리교 운동을 창시한 사람입니다. 이 운동에서는 노래를 중요시했고, 찰스는 평생 6천 편 이상의 찬송시를 썼습니다. 그 중에서도 「만입이 내게 있으면 O for a Thousand Tongues to Sing」(새찬송가 23), 「예수 부활했으니 Christ the Lord Is Risen Today」(새찬송가 164), 「천사 찬송하기를 Hark! The Herald Angels Sing」(새찬송가 126) 등은 시대를 초월하여 사랑받으며 널리 불리고 있습니다. 그는 찬송시 외에도 많은 시를 썼는데, 그 두 가지를 딱히 구분하기는 어렵지요. 어느 쪽이었든, 그는 회심의 경험을 묘사하는 데 특히 뛰어났습니다. 「어찌 날 위함이온지 And Can It Be」도 그 일례입니다. "오랫동안 나의 영혼 갇혀 있었네/ 죄에 결박당해 밤의 어둠 속에/ 그때 주의 눈에서 살리는 빛이 나와/ 나는 깨어나고 감옥은 빛으로 넘쳤네/ 쇠사슬이 풀리고 내 마음이 해방되었네/ 나는 일어나 나가 당신을 따랐네."

묵상하기 이사야 55:10-13; 시편 148.

적용하기 당신은 어떤 상황에서 하나님을 찬양하고 그분께 영광 돌리려는 열망을 가장 강하게 느낍니까? 그리스도인으로 살아오는 동안, 하나님을 더욱 알게 된 것이 하나님께 경배하려는 당신의 열망을 어떻게 더하게 했습니까?

47

곤경 가운데서
복을 구하는 기도

주님, 당신이 이 고통을 주시는 것입니까?
그만 돌아서 버릴까요?
아니, 더 아픈 매질을 만난다 해도
당신을 신뢰하는 마음은 머물 것입니다.

왜냐하면 당신의 인자한 매는 신실하니
저희는 비록 멍들고 치일지라도
결국 펼쳐질
당신 사랑의 비밀은 감미로울 테니까요.

그로 인해 변덕스런 우리 마음 안에
당신의 길에 대한 앎이 깊어지고
저희 입술은 새 노래를 읊으며
새로운 찬미의 제목을 얻을 테니까요.

당신의 징계가 지나가면
이 땅의 딜디던 기쁨이
비처럼 쏟아져 내릴 때보다
더한 기쁨이 저희 것이 될 테니까요.

그러니 오, 복되신 주님, 저희에게
당신이 보시기에 가장 좋은 것을 주소서.
슬픔이 제 영혼 위에
그 깊고 음울한 조종을 울리게 하소서,

당신의 사랑이

부드럽고 더 깊은 음악으로 영혼을 일깨워

당신 안에서

전에 알지 못하던 환희를 발견하게만 한다면.

— A. M. 헐, '깊은 고통 중에 있는 친구에게'

모든 그리스도인이 배워야 하는 힘든 교훈이 한 가지 있습니다. 하나님의 가장 풍부한 축복 중 어떤 것은 오직 깊은 고통을 통해서만 온다는 것이지요. 해가 저물고 어둠이 내리기 전에는 별이 보이지 않는 것처럼, 하나님의 가장 귀한 축복 중 어떤 것은 시련의 때를 만나기 전에는 알 수 없습니다. 그렇다고 해서 일부러 시련을 찾아 나서거나 제발 시련을 주십사고 간구해야 한다는 말은 아니지만요—우리 자신에게든 다른 사람에게든 굳이 나쁜 일을 바라서는 안 되지요. 하지만 하나님의 섭리로 고난의 시기가 올 때, 하나님께서 그분의 목적을 위해 그 고난을 성화해 주시기를 기대할 수는 있습니다. 하나님은 고난을 통해, 다른 방법으로는 알 수 없었을 소중한 진리들을 가르치시기도 하고, 우리로 하여금 좀 더 기도하면서 그분께 의지하게도 하십니다. 그분의 약속에 대한 믿음을 더욱 붙들게도 하시고, 그분의 현존 안에 좀 더 오래 머물게도 하시지요. 그러므로 우리는 고난이 어서 지나가기를 구하는 것도 잘하는 것이지만, 예수님처럼 "그러나 나의 원대로 마옵시고 아버지의 원대로 하옵소서"(마태복음 26:39)라고 기도하는 것이 좋겠지요.

짚어보기   시인이 이 고난의 시기를 어떻게 해석하는지 보십시오. 그녀는 고난 가운데서도 하나님이 주권자이심을 고백하며, 비록 받아들이기 어렵기는 하지만 그것이 분명 그분의 뜻임을 수긍합니다. 그러고는 하나님이 우리의 시련을 통해 이루시는 일들을 묘사합니다—하나님은 그분의 사랑을 느끼게 하시고, 그분의 방식을 알게 하시며, 그분의 이름을 찬양할 새로운 이유들을 발견하게 하시지요. 그녀가 고난 중에서도 하나님께 순복하는 것은 하나님께 그분의 목적이 있음을, 그리고 그분은 우리를 사랑하시므로 그 목적이 반드시 선하리라는 것을 알기 때문입니다.

묵상하기　　마태복음 26:39; 전도서 8:12.

적용하기　　시인은 고통을 통해 하나님 안에 있는 기쁨을 더 깊이 경험하게 된다고 말합니다. 지난날 당신은 시련의 때에 하나님께 그것을 맡기고 그분이 그 시련을 통해 일하시도록 기다릴 수 있었습니까? 당신은 하나님께서 고난의 때에 이어 당신의 사랑과 기쁨을 더 크게 해주시는 것을 경험했습니까?

48 하나님의 임재를 구하는 기도

내 생각에서 멀리, 헛된 세상이여, 물러가라.
내 기도하는 시간을 내버려두라.
내 눈은 기꺼이 주를 보리니
주여, 당신의 방문을 기다립니다.

제 마음은 거룩한 불로 따뜻해지고
순수한 열망으로 불 붙습니다.
사랑하는 예수여, 위로부터 오시어
하늘 사랑으로 제 영혼을 먹이소서.

불멸의 생명나무들이 당신의 오른편에
향기롭게 늘어서 있습니다.
그리고 그 곁에서 감미롭게 지줄대며
복락의 강이 끊임없이 흘러갑니다.

서둘러, 그러나 웃는 얼굴로,
당신 은혜의 식탁을 펼치소서.
천상의 과일을 맛보게 하시고
거룩한 포도주로 제 마음을 즐겁게 하소서.

복되신 예수여, 얼마나 풍성한 성찬인지요!
당신이 베푸시는 환대는 얼마나 달콤한지요!
하늘의 천사들도 맛보지 못한
구속의 은혜, 죽음보다 강한 사랑이란!

오소서, 위대하신 임마누엘, 가장 거룩하신 이여!
당신 안에서 아버지의 영광이 빛나나이다.
어떤 눈도 본 적 없고 천사들도 알지 못한
가장 환하고, 가장 감미롭고, 가장 아름다운 분이시
여!

—아이작 와츠,
'내 생각에서 멀리, 헛된 세상이여, 물러가라'

우리 마음이 주님과 함께하기를 간절히 원할 때, 그분의 말씀이 유독 마음을 파고들 때가 있습니다. 하지만 우리 마음이 주님과 함께하는 데 전혀 열의가 없을 때, 그분의 말씀에 전혀 관심이 없거나 심지어 적대적일 때도 있습니다. 그런 시간을 지나며 우리는 만일 영적인 기쁨과 따뜻함을 경험하고 싶다면, 하나님의 임재를 누리고 그분의 말씀으로 변화되기를 원한다면, 그분의 도움과 은혜를 구해야 한다는 것을 알게 됩니다. 우리는 이 세상과 그 온갖 진부한 오락들에서 떠나도록 그분께서 도와주시기를 구해야 합니다. 우리는 성실하고 참을성 있게 그분을 기다리고 그분의 음성을 들으며 그분을 누리고 그분의 만지심을 얻도록 그분께서 도와주시기를 간곡히 구해야 합니다. 무엇보다도, 우리는 그분과의 살아있는 관계, 감미롭고 실제적인 관계 안에서 충족될 거룩한 열망을 주시기를 기도해야 합니다.

짚어보기 시인이 어떻게 자신에게, 또 자기 영혼에게 말을 걸면서 시를 시작하는지 보십시오. 다윗이 때로 시편에서 그렇게 했던 것처럼요. 하지만 그가 얼마나 금세 자신에게 말하기를 그치고 예수님께 말하기 시작하는지도 보십시오. 우리도 그에게서 배우면 좋을 것입니다.

묵상하기 시편 19; 시편 73:25-26.

적용하기 당신의 마음은 무엇을 기뻐합니까? 당신의 열망은 무엇으로 양식을 삼습니까? 당신은 그 열망들을 성취하기 위해 무엇을 구합니까? 이것이 당신의 영적 미뢰味蕾들을 만들어낼 것입니다. 당신은 하나님께서 그분에 대한 열망으로 당신의 마음을 동하게 해주시기를 꾸준히 기도하고 있습니까? 일체의 오락이나 시시한 애정의 대상들을 밀쳐 버리고, 오직 그분에게서만 영적인 양식을 얻게 해주시기를 기도하고 있습니까?

49 그리스도를 부끄러워하지 않기 위한 기도

주여, 어찌 감히 그럴 수 있겠습니까,
필멸의 인간이 당신을 부끄러워하다니?
당신을 부끄러워하다니, 천사들도 찬미하는
영원무궁히 영광 받으실 당신을?

예수를 부끄러워하다니! 차라리
저녁이 별빛을 부끄러워하게 하소서.
그분이 거룩한 빛으로 비추시는
제 영혼은 저문 날이었으니.

예수를 부끄러워하다니! 차라리
캄캄한 밤이 햇빛을 부끄러워하게 하소서.
밝은 새벽별이신 그분이 어둠을 물리치시기까지
내 영혼은 한밤중이었으니.

예수를 부끄러워하다니! 내 모든 소망의
복된 원천이신 그 소중한 빛을?
아니, 내가 얼굴 붉힐 때 나의 수치는
내가 더는 그분 이름을 경애하지 않는다는 것!

예수를 부끄러워하다니! 그래, 그럴 수도 있으리,
내게 씻어야 할 죄가 없다면,
닦아야 할 눈물이 없고 열망하는 선이 없다면,
떨쳐야 할 두려움이 없고 건져야 할 영혼이 없다면.

그러기까지는—괜한 자랑이 아니리니
그러기까지는 자랑하리라—죽임당하신 구주를!
오, 부디 이것이 내 영광이 되기를,
그리스도께서 나를 부끄러워하시지 않는다는 것이!

─조셉 그리그, '예수를 부끄러워하다니'

자기 백성을 향한 그분의 인내는 수많은 방식으로 나타나지만, 그중에서도 가장 그 성품이 잘 드러나는 사실은 이것이 아닌가 합니다. 바로 우리가 그분을 부끄럽게 여길 때조차 그분은 변함없이 우리를 사랑하신다는 것입니다. 자신이 그리스도를 따르는 자라는 사실을 인정하기를 부끄러워하거나 다른 사람들에게 그리스도에 대해 말할 기회가 왔을 때 부끄러워서 말하지 못한 적이 단 한 번도 없는 그리스도인이 있을까요? 아니, 한 번이 아니라 여러 번 그러지는 않았습니까? 어떤 그리스도인이 예수님과 관련되거나 그분이 사랑하사 대신 죽으신 사람들과 관련되는 것을 때로 부끄럽게 여기지 않았을까요? 우리는 이런 수치심에 대해 뉘우치고 예수의 이름을 담대히 고백하며 기꺼이 예수의 복음을 선포해야 합니다. "누구든지 사람 앞에서 나를 시인하면 나도 하늘에 계신 내 아버지 앞에서 그를 시인할 것"(마태복음 10:33)이라는 그분의 말씀을 진지하게 숙고해야 합니다. 하나님은 선하시므로 우리의 어리석은 수치심을 용서하시고 온 세상 앞에서 예수님이 주님이심을 선포할 은혜를 허락해 주십니다.

짚어보기   좋은 시들은 대개 첫 연과 마지막 연 사이에 일종의 연속성을 지닙니다. 첫머리의 주제가 마지막에 다시 돌아오는 것이지요. 이 시의 화자가 첫 연에서 어떻게 예수님을 부끄러워하는 것에 대해 생각하는지, 그리고 마지막 연에서 어떻게 예수님이 자기를 부끄러워하시지 않는다는 것에 기뻐하는지 보십시오.

묵상하기   마태복음 10:26-33; 디모데후서 2:8-13.

적용하기   당신이 예수님을 (또는 그분의 말씀이나 가르침을) 부끄러워할 만한 어떤 상황이 있을 수 있을까요? 시인은 예수님을 부끄러워하는 대신 자랑하도록 우리 마음을 훈련할 어떤 방향을 제시하고 있습니까?

50 예수님께 드리는 기도

당신은 모든 권능을 지니신 분
여기 땅 위에서나 저 높이 하늘에서나
구주 예수 전능하신 주여,
당신의 거룩하신 이름 찬양 받으소서!

저희 마음속에서 만왕의 왕으로 다스리소서,
온 세상이 당신의 영토입니다!
구원 받은 인간들인 저희가 당신께 기도하게 하소서.
천군천사와도 같이, 당신께 순종하게 하소서.

당신은 까마귀를 먹이시오니
저희 육신이 필요로 하는 것을 주소서.
당신 안에서 저희는 살고 움직이오니
날마다 은혜로 저희를 붙들어 주소서.

저희 죄를 고백하오니 용서하시고
다시 실족하지 않도록 지켜 주소서.
너도나도 죄지은 형제이오니
저희가 서로 용서하게 하소서.

유혹의 무서운 시간에는
당신의 은혜로운 힘으로 저희를 둘러 주소서.
사탄의 계략에서 저희 마음을 지켜 주소서,
구주요 위로자이시요 친구 되신 주여!

148   149

온 땅의 영광을 당신께 바칩니다.
그리스도 우리 왕, 천국의 주인께
위대한 "처음이요 마지막이신" 당신께 영광!
이 땅과 시간이 다 지나간 다음에도!

— 작자 미상, '찬가'

우리는 하나님께 말할 수 있습니다. 물론 이것은 놀랄 일이 못 됩니다. 이 시집 전체가 하나님께 말하기에 관한 것이니까요. 하지만 이제 마지막 기도에 이르러 우리는 한 번 더 하나님께 말할 수 있다는 엄청난 특권에 대해 생각해 보면 좋겠습니다. 나무나 돌로 된 대상에게 말을 건네면서 하나님께 말하고 있다고 생각하는 사람들도 많습니다. 밤하늘을 향해 소원을 빌면서 운명이나 우주가 들어주기를 바라는 사람들도 많습니다. 그런가 하면 자기 자신 이상의 더 높고 거룩한 힘이 있다는 일체의 개념을 거부하는 사람들도 많지요. 하지만 우리는 하나님이 참되신 실재이시며 자비롭고 은혜로운 분이시라는 것을, 그리고 우리가 그분께 말할 때 기꺼이 귀 기울여 들어주신다는 것을 압니다. 아버지가 아들의 말을 듣기를 기뻐하듯 그분이 우리의 말을 듣기를 기뻐하신다는 것을 압니다. 그분은 마치 어머니가 딸을 사랑하듯 자기 자녀를 사랑하십니다. 그러므로 우리는 우리가 하나님께 말하는 것이 그분께 기쁨을 드린다는 것을 확신하며 그분께 말할 수 있는 것입니다. 우리는 하나님께 말할 수 있습니다!

짚어보기   시인이 하나님을 어떤 분으로 높이며 묘사하는지 눈여겨보십시오. 그분은 모든 권능을 지니신 분이며, 세상의 주권자로 다스리시는 분이며, 온 땅과 그 안의 만물을 보전하시는 분입니다. 이 하나님이 우리를 초대하시는 것입니다. 그분께 말하고 우리의 죄와 두려움과 소원을 알리라고요. 우리가 섬기는 하나님은 얼마나 좋은 분이신지요!

묵상하기   마태복음 28:18; 베드로후서 2:9.

예수님께 드리는 기도

적용하기   이 시집은 당신에게 어떻게 도움이 되었습니까? 당신은 기도하는 그리스도인으로서의 삶에 정진하면서, 어떤 다음 행보로 나아갈 수 있을까요?

원문

I

Holy, Holy, Holy Lord,
God of Hosts! when heaven and earth,
Out of darkness at Thy word,
Issued into glorious birth,
All Thy works before Thee stood,
And Thine eye beheld them good,
While they sang with sweet accord,
Holy, Holy, Holy Lord!

Holy, Holy, Holy! Thee,
One Jehovah evermore,
Father, Son, and Spirit! we,
Dust and ashes, would adore;
Lightly by the world esteem'd,
From that world by Thee redeem'd,
Sing we here with glad accord,

Holy, Holy, Holy Lord!
Holy, Holy, Holy! All
Heaven's triumphant choirs shall sing,
When the ransom'd nations fall
At the footstool of their King:
Then shall saints and seraphim,
Hearts and voices swell one hymn,
Round the Throne with full accord,
Holy, Holy, Holy Lord!

—James Montgomery, "Holy, Holy, Holy Lord"

2

Awake, my soul! awake, mine eyes!
Awake, my drowsy faculties;
Awake, and see the new- born light,
Spring from the darksome womb of night!

Look up and see the unwearied sun,
Already has his race begun.
The pretty lark is mounted high,
And sings her matins in the sky.

Arise, my soul, and thou, my voice
In songs of praise early rejoice!
O great Creator! heav'nly King!
Thy praises let me ever sing!

Thy power has made, Thy goodness kept
This fenceless body while I slept;
Yet one day more has given me
From all the powers of darkness free.

Oh! keep my heart from sin secure,
My life unblameable and pure;
That when the last of days shall come,
Cheerful and fearless I may wait my doom.

— Thomas Flatman, "Hymn for the Morning"

3

O Lamb of God! that on the cross,
Didst suffer to atone my loss,
Give ear unto a sinner's plea,
Have mercy, Lamb of God! on me.

There's room within Thy wounded side;
For all transgressors Thou hast died;
Pardon for all hast Thou unfurled
Whose blood was shed for all the world.

O Lamb of God! grant me Thy peace,
From sin and sorrow send release,
And fit me for Thy home of rest,
To be with Thee for ever blest:

There may I join the ransomed throng,
And swell the everlasting song—"Worthy
the Lamb who once was slain,
Worthy for evermore to reign!"

—Christopher Newman Hall, "The Lamb of God"

4

I pray for strength, O God!
To bear all loads that on my shoulders press
Of Thy directing or Thy chastening rod,
Lest from their growing stress
My spirit sink in utter helplessness.

I pray for strength to run
In duty's narrowest paths, nor turn aside
In broader ways that glow in pleasure's sun,
Lest I grow satisfied,
Where Thou from me Thy smiling face must hide.

I pray for strength to wait
Submissively when I cannot see my way,
Or if my feet would haste, some close- barred gate
Bids my hot zeal delay,
Or to some by- path turns their steps astray.

I pray for strength to live
To all life's noble ends, prompt, just and true;
Myself, my service, unto all give,
And, giving, yet renew
My store for bounty of life's journey through.

I pray, O God, for strength,
When, as life's love and labors find surcease,
Cares, crosses, burdens to lay down at length,
And so, with joy's increase,
To die, if not in triumph— in Thy peace.

—William Edward Biederwolf, "I Pray for Strength"

5

Lord, teach me how to pray aright,
With reverence and with fear;
Though dust and ashes in Thy sight,
I may, I must draw near.

I perish if I cease from prayer;
Oh! grant me power to pray;
And when to meet Thee I prepare,
Lord, meet me by the way.

Burden'd with guilt, convinced of sin,
In weakness, want, and woe
Fightings without, and fears within,
Lord, whither shall I go?

God of all grace, I bring to Thee
A broken, contrite heart;
Give, what Thine eye delights to see,
Truth in the inward part.

Give deep humility; the sense
Of godly sorrow give;
A strong, desiring confidence
To hear Thy voice and live;—

Faith in the only Sacrifice
That can for sin atone;
To cast my love, to fix my eyes
On Christ, on Christ alone;—

Patience to watch, and wait, and weep,
Though mercy long delay;
Courage, my fainting soul to keep,

And trust Thee though Thou slay.

Give these, and then Thy will be done;
Thus, strenghen'd with all might,
I, through Thy Spirit and Thy Son,
Shall pray, and pray aright.

—James Montgomery, "The Preparation of the Heart"

6

The night is dark, but God, my God,
Is here and in command;
And sure am I, when morning breaks,
I shall be "at the land."
And since I know the darkness is
To him as sunniest day,
I cast my anchor Patience out,
And wish, but wait for day.

Fierce drives the storm, but winds and waves
Within His hand are held,
And trusting in Omnipotence,
My fears are sweetly quelled.
If wrecked, I'm in His faithful grasp,
I'll trust Him though He slay;
So letting go the anchor Faith,
I'll wish, but wait for day.

Still seem the moments dreary, long?
I rest upon the Lord;
I muse on His "eternal years,"
And feast upon His word.
His promises, so rich, so great,
Are my support and stay;
I'll drop the anchor Hope ahead,
And wish, but wait for day.

O wisdom infinite! O light
And love supreme, Divine!
How can I feel one fluttering doubt,
In hands so dear as Thine!
I'll lean on Thee, my best Beloved,
My heart on Thy heart lay

And casting out the anchor Love,
I'll wish, but wait for day.

—Poet Unknown, "Casting Anchors"

7

Praises to Him who built the hills;
Praises to Him the streams who fills;
Praises to Him who lights each star
That sparkles in the blue afar.

Praises to Him who makes the morn,
And bids it glow with beams new- born;
Who draws the shadows of the night,
Like curtains, o'er my wearied sight.

Praises to Him whose love has given,
In Christ His Son, the Life of heaven;
Who for my darkness gives me light,
And turns to day my deepest night.

Praises to Him, in grace who came,
To bear my woe, and sin, and shame;
Who lived to die, who died to rise,
The God- accepted sacrifice.

Praises to Him the chain who broke,
Opened the prison, burst the yoke,
Sent forth its captives, glad and free,
Heirs of an endless liberty.

Praises to Him who sheds abroad
Within my heart the love of God;
The Spirit of all truth and peace,
Fountain of joy and holiness!

The Father, Son, and Spirit, now
The hands I lift, the knees I bow;
To Jah- Jehovah thus I raise

The sinner's song of endless praise.

—Horatius Bonar, "Praise"

8

Sovereign Ruler of the skies,
Ever gracious, ever wise;
All my times are in Thy hand,
All events at Thy command.

His decree who formed the earth
Fixed my first and second birth;
Parents, native place, and time,
All appointed were by Him.

He that formed me in the womb,
He shall guide me to the tomb:
All my times shall ever be
Ordered by His wise decree.

Times of sickness; times of health;
Times of penury and wealth;
Times of trial and of grief;
Times of triumph and relief;

Times the tempter's power to prove;
Times to taste the Saviour's love;
All must come, and last, and end,
As shall please my heavenly Friend.

Plagues and deaths around me fly;
Till He bids, I cannot die;
Not a single shaft can hit,
Till the God of love sees fit.

O Thou Gracious, Wise and Just,
In Thy hands my life I trust:
Have I somewhat2 dearer still?

I resign it to Thy will.

May I always own Thy hand
Still to the surrender stand;
Know that Thou art God alone,
I and mine are all Thine own.

Thee, at all times, will I bless;
Having Thee, I all possess;
How can I bereavèd be,
Since I cannot part with Thee?

—John Ryland, "God's Decrees"

9

Throw away Thy rod,
Throw away Thy wrath:
O my God,
Take the gentle path.

For my heart's desire
Unto Thine is bent:
I aspire
To a full consent.

Not a word or look
I affect to own,
But by book,
And Thy book alone.

Though I fail, I weep:
Though I halt in pace,
Yet I creep
To the throne of grace.

Then let wrath remove;
Love will do the deed:
For with love
Stony hearts will bleed.

Love is swift of foot;
Love's a man of war,
And can shoot,
And can hit from far.

Who can 'scape His bow?
That which wrought on Thee,
Brought Thee low,

Needs must work on me.

Throw away Thy rod;
Though man frailties hath,
Thou art God:
Throw away Thy wrath.

—George Herbert, "Discipline"

10

Great God, whose sceptre rules the earth,
Distil Thy fear into my heart;
That being rapt with holy mirth
I may proclaim how good Thou art:
Open my lips, that I may sing
Full praises to my God, my King.

Great God, Thy garden is defac'd,
The weeds thrive there, Thy flowers decay;
O call to mind Thy promise past,
Restore Thou these, cut those away:
Till then let not the weeds have power
To starve or stunt the poorest flower.

In all extremes, Lord, Thou art still
The Mount whereto my hopes do flee;
O make my soul detest all ill,
Because so much abhorr'd by Thee:
Lord, let Thy gracious trials show
That I am just, or make me so.

Fountain of light and living breath,
Whose mercies never fail nor fade,
Fill me with life that hath no death;
Fill me with light that hath no shade;
Appoint the remnant of my days
To see Thy power and sing Thy praise.

Lord God of gods, before whose throne
Stand storms and fire! O what shall we
Return to Heaven, that is our own,
When all the world belongs to Thee?
We have no offering to impart,

But praises, and a wounded heart.

O Thou that sitt'st in Heaven, and seest
My deeds without, my thoughts within,
Be Thou my prince, be Thou my priest—
Command my soul, and cure my sin:
How bitter my afflictions be
I care not, so I rise to Thee.

What I possess, or what I crave,
Brings no content, great God, to me.
If what I would, or what I have,
Be not possest, and blest in Thee:
What I enjoy, O make it mine,
In making me— that have it— Thine.

When winter- fortunes cloud the brows
Of summer- friends,— when eyes grow strange,—
When plighted faith forgets its vows,
When earth and all things in it change,—
O Lord, Thy mercies fail me never,—
Where Thou lovest, Thou lovest for ever.

Great God, whose kingdom hath no end,
Into whose secrets none can dive,
Whose mercy none can apprehend,
Whose justice none can feel— and live,
What my dull heart cannot aspire
To know, Lord, teach me to admire.

—John Quarles, "Devout Aspirations"

II

Am I a stone, and not a sheep,
That I can stand, O Christ, beneath Thy cross,
To number drop by drop Thy blood's slow loss,
And yet not weep?
Not so those women loved
Who with exceeding grief lamented Thee;
Not so fallen Peter, weeping bitterly;
Not so the thief was moved;
Not so the Sun and Moon
Which hid their faces in a starless sky,
A horror of great darkness at broad noon—
I, only I.
Yet give not o'er,
But seek Thy sheep, true Shepherd of the flock;
Greater than Moses, turn and look once more
And smite a rock.

—Christina Rossetti, "Good Friday"

12

My times are in Thy hand!
I know not what a day
Or e'en an hour may bring to me,
But I am safe while trusting Thee,
Though all things fade away.
All weakness, I
On Him rely
Who fixed the earth and spread the starry sky.

My times are in Thy hand!
Pale poverty or wealth.
Corroding care or calm repose.
Spring's balmy breath or winter's snows.
Sickness or buoyant health,—Whate'er
betide,
If God provide,
'Tis for the best; I wish no lot beside.

My times are in Thy hand!
Should friendship pure illume
And strew my path with fairest flowers,
Or should I spend life's dreary hours
In solitude's dark gloom,
Thou art a friend.
Till time shall end
Unchangeably the same; in Thee all beauties blend.

My times are in Thy hand!
Many or few, my days
I leave with Thee,— this only pray,
That by Thy grace, I, every day
Devoting to Thy praise,
May ready be

To welcome Thee
Whene'er Thou com'st to set my spirit free.

My times are in Thy hand!
Howe'er those times may end,
Sudden or slow my soul's release,
Midst anguish, frenzy, or in peace,
I'm safe with Christ my friend.
If He is nigh,
Howe'er I die,
'Twill be the dawn of heavenly ecstasy.

My times are in Thy hand!
To Thee I can entrust
My slumbering clay, till Thy command
Bids all the dead before Thee stand,
Awaking from the dust.
Beholding Thee,
What bliss 't will be
With all Thy saints to spend eternity!

To spend eternity
In heaven's unclouded light!
From sorrow, sin, and frailty free,
Beholding and resembling Thee,—
O too transporting sight!
Prospect too fair
For flesh to bear!
Haste! haste! my Lord, and soon transport
me there!

—Christopher Newman Hall, "My Times Are in Thy Hands"

13

Father of mercies, in Thy word
What endless glory shines!
Forever be Thy name adored
For these celestial lines.

Here may the blind and hungry come,
And light and food receive;
Here shall the lowliest guest have room,
And taste and see and live.

Here springs of consolation rise
To cheer the fainting mind,
And thirsting souls receive supplies,
And sweet refreshment find.

Here the Redeemer's welcome voice
Spreads heavenly peace around,
And life and everlasting joys
Attend the blissful sound.

O may these hallowed pages be
My ever dear delight,
And still new beauties may I see,
And still increasing light.

Divine instructor, gracious Lord,
Be Thou forever near;
Teach me to love Thy sacred word,
And view my Savior here.

—Anne Steele, "Father of Mercies, in Thy Word"

14

I am weary, and very lonely,
And can but think— think.
If there were some water only
That a spirit might drink— drink,

And arise,
With light in the eyes
And a crown of hope on the brow,
To walk abroad in the strength of gladness,
Not sit in the house, benumbed with sadness—
As now!

But, Lord, Thy child will be sad—
As sad as it pleases Thee;
Will sit, not seeking to be glad,
Till Thou bid sadness flee,
And, drawing near,
With Thy good cheer
Awake Thy life in me.

—George MacDonald, "Hard Times"

15

I pray for those who do not pray!
Who waste away salvation's day;
For those I love who love not Thee—
My grief, their danger, pitying see.

Those for whom many tears are shed
And blessings breathed upon their head,
The children of Thy people save
From godless life and hopeless grave.

Hear fathers, mothers, as they pray
For sons, for daughters, far away—
Brother for brother, friend for friend—
Hear all our prayers that upward blend.

I pray for those who long have heard
But still neglect Thy gracious Word;
Soften the hearts obdurate made
By calls unheeded; vows delayed.

Release the drunkard from his chain,
Bare those beguiled by pleasure vain,
Set free the slaves of lust, and bring
Back to their home the wandering.

The hopeless cheer; guide those who doubt;
Restore the lost; cast no one out;
·For all that are far off I pray,
Since I was once far off as they.

—Christopher Newman Hall, "We Pray for Those Who Do
   Not Pray"

원문

16

I do not pray that life be spent
On flow'ry beds of ease;
I only pray that Christ may guide
Across the stormy seas.

I do not pray that flow'rs may bloom
Along my pilgrim way;
I only ask that Christ may guide
My footsteps lest I stray.

If Thou wilt lead me by the hand,
And guide my trembling feet,
For Thee, O Christ, I'll gladly drink
The bitter with the sweet.

What though my life be peace or pain,
'Twill only soon be o'er;
I want to walk the way that leads
To heav'n's eternal shore.

—Charles Ebert Orr, "Savior, Lead Me"

17

"Forgive our debts as we forgive,"
Ah, who, dear Lord, can pray that prayer?
The rest with ready zeal is said,
But self- accused I falter there,
Conscious, beneath its crucial test,
Of hate my lips have ne'er confessed.

As we forgive! O Christ in Heaven
Can I both pardon and forget,
When arrows dipped in deadly gall
Within my heart are rankling yet?—
Sharp arrows by the false hands aimed
Of those who once love's largess claimed.

Be pitiful, O blessed Christ,
Nor chide me for my bitter thought
Of those who rendered hate for love,
And mocked me for the gifts I brought,
For Thou, alone, dear Lord, dost know
Flow measureless the debt I owe.

Forgive us, Lord. Can theirs exceed
The endless debt I owe to Thee?
Thy patient, unrequited love,
Thy mercy, boundless as the sea,
Thy life blood, poured in healing balm
From wounded side and nail- pierced palm.

Ashamed and penitent I kneel;
O Thou, who dost my sins forget,
Help me with Thy sweet charity
To pardon freely all the debt,
That praying, Lord, that prayer again,

My grateful heart may say "Amen."

—Mary B. Sleight, "The Test"

18

Come, Holy Spirit, calm my mind,
And fit me to approach my God;
Remove each vain, each worldly thought,
And lead me to Thy blest abode.

Hast Thou imparted to my soul
A living spark of holy fire?
Oh! kindle now the sacred flame,
Make me to burn with pure desire.

Impress upon my wandering heart
The love that Christ to sinners bore;
Then, mourn the wounds my sins produced,
And my redeeming God adore.

A brighter faith and hope impart,
And let me now my Saviour see;
Oh! soothe and cheer my burdened heart,
And bid my spirit rest in Thee.

—Poet Unknown, "Hymn to the Holy Spirit"

원문

19

Oh! what am I, so slight a thing,
To wear the image of my King?
Oh! what am I, that I be saved
And in Thy crimson fountain laved,
The blessed promise to receive,
And by the grace of God believe?

Oh! what am I that I am loved
By Jesus Christ? That I am moved
A full confession now to make
And give my life for Jesus' sake?
My life I cannot give. Ah! no;
For all my life to Thee I owe.

Unclean and vile, my heart doth moan,
And saddens o'er Thy dying groan;
Yet I can still relinquish sin,
And at the portals enter in,
Though of myself I cannot bring
To deck Thy crown the slightest thing.

A life of lowliness and love,
For Thy dear sake, shall soar above:
It is the least that I can do,
My fleeting years, though short and few,
I can, and will lay at Thy feet,
And serve Thee while my pulses beat.

—Emily Spear, "What Am I, Lord?"

20

Thy way, O Lord! Thy way— not mine!
Although, opprest,
For smoother, sunnier paths I pine,
Thy way is best.

Though crossing thirsty deserts drear,
Or mountain's crest;
Although I faint with toil and fear,
Thy way is best.

Though not one open door befriend
The passing guest;
Though night its darkest terror lend,
Thy way is best.

So seeming wild without a plan,
Now east, now west,
Joys born and slain, hopes blighted, can
Thy way be best?

My soul by grief seems not to be
More pure and blest;
Alas! I cannot, cannot see
Thy way is best.

I cannot see— on every hand
By anguish prest,
In vain I try to understand
Thy way is best.

But I believe— Thy life and death,
Thy love attest,
And every promise clearly saith—

"Thy way is best."

I cannot see— but I believe;
If heavenly rest
Is reached by roads where most I grieve,
Thy way is best.

—Christopher Newman Hall, "Thy Way Is Best"

21

The sun shines in my outer world,
But darkness reigns within,
A fearful gloom enshrouds my soul,
The nebula of sin.
Dear Savior, smile away this gloom,
And let the sunlight in.

Sweet bird- songs cheer my outer world,
But anguish wails within.
Ambition, pride, and gross deceit
Have bound my soul in sin;
Then, O my Savior, break these bonds,
And let the sunlight in!

Temptations throng my way without,
Remorse broods dark within;
The chains that bind my tortured soul
Are festered o'er with sin;
Dear Savior, send Thy healing balm,
And let the sunlight in.

While pleasure gayly smiles without,
What torment reigns within!
And still, poor weakling that I am,
I tread the paths of sin,
My Savior, I am lost if Thou
Let not the sunlight in.

—M. A. B. Kelly, "Without and Within"

22

Return, dear Lord, to those who look
With eager eyes that yearn
For Thee among the garden flowers;
After the dark and lonely hours,
As morning light return.

Return to those who wander far,
With lamps that dimly burn,
Along the troubled road of thought,
Where doubt and conflict come unsought,—
With inward joy return.

Return to those on whom the yoke
Of life is hard and stern;
Renew the hope within their breast,
Draw them to Thee and give them rest;
O Friend of Man, return.

Return to this war- weary world,
And help us all to learn
Thy secret of victorious life,
The love that triumphs over strife,—
O prince of Peace, return.

Jesus, I ask not now that day
When all men shall discern
Thy coming with the angelic host;
Today, to all who need Thee most,
In silent ways, return!

—Henry Van Dyke, "Jesus, Return"

23

Ah! dearest Lord, I cannot pray,
My fancy is not free;
Unmannerly distractions come,
And force my thoughts from Thee.

My very flesh has restless fits;
My changeful limbs conspire
With all these phantoms of the mind
My inner self to tire.

I cannot pray; yet, Lord! Thou knowst
The pain it is to me
To have my vainly struggling thoughts
Thus torn away from Thee.

Yet Thou art oft present, Lord!
In weak distracted prayer:
A sinner out of heart with self
Most often finds Thee there.

My Saviour! why should I complain
And why fear aught but sin?
Distractions are but outward things;
Thy peace dwells far within.

—F. W. Faber, "Ah! Dearest Lord, I Cannot Pray"

24

God of my life, to Thee I call;
Afflicted, at Thy feet I fall;
When the great water- floods prevail,
Leave not my trembling heart to fail.

Friend of the friendless and the faint,
Where should I lodge my deep complaint?
Where but with Thee, whose open door
Invites the helpless and the poor?

Did ever mourner plead with Thee
And Thou refuse that mourner's plea?
Does not the word still fixed remain
That none shall seek Thy face in vain?

Fair is the lot that's cast for me;
I have an Advocate with Thee.
They whom the world caresses most
Have no such privilege to boast.

Poor though I am, despised, forgot,
Yet God, my God, forgets me not;
And he is safe, and must succeed,
For whom the Lord vouchsafes to plead.

Then hear, O Lord, my humble cry
And bend on me Thy pitying eye.
To Thee their prayer Thy people make:
Hear us for our Redeemer's sake.

—William Cowper, "Friend of the Friendless"

25

Lord, I have wrestled through the livelong night
Do not depart,
Nor leave me thus in sad and weary plight,
Broken in heart;
Where shall I turn, if Thou shouldst go away,
And leave me here in this cold world to stay?
I have no other help, no food, no light
No hand to guide,
The night is dark, my home is not in sight,
The path untried;
I dare not venture in the dark alone—
I cannot find my way, if Thou be gone.
I cannot yet discern Thee, as Thou art;
More let me see,
I cannot bear the thought that I must pass
Away from Thee:
I will not let Thee go, except Thou bless.
O, help me, Lord, in all my helplessness.

—J. Sharp, "Lord, I Have Wrestled"

26

No form of human framing,
No bond of outward might,
Can bind Thy Church together, Lord,
And all her flocks unite;
But, Jesus, Thou hast told us
How unity must be:
Thou art with God the Father one,
And we are one in Thee.

The mind that is in Jesus
Will guide us into truth,
The humble, open, joyful mind
Of ever- learning youth;
The heart that is in Jesus
Will lead us out of strife,
The giving and forgiving heart
That follows love in life.

Wherever men adore Thee,
Our souls with them would kneel;
Wherever men implore Thy help,
Their trouble we would feel;
And where men do Thy service,
Though knowing not Thy sign,
Our hand is with them in good work,
For they are also Thine.

Forgive us, Lord, the folly
That quarrels with Thy friends,
And draw us nearer to Thy heart
Where every discord ends;
Thou art the crown of manhood,
And Thou of God the Son;

O Master of our many lives,
In Thee our life is one.

— Henry Van Dyke, "One in Christ"

원문

27

My God, how wonderful Thou art,
Thy majesty how bright,
How beautiful Thy mercy seat,
In depths of burning light!

How dread are Thine eternal years,
O everlasting Lord;
By prostrate spirits, day and night,
Incessantly adored.

How wonderful, how beautiful,
The sight of Thee must be,
Thine endless wisdom, boundless pow'r,
And awful purity.

O how I fear Thee, Living God,
With deepest, tend'rest fears,
And worship Thee with trembling hope,
And penitential tears.

Yet I may love Thee too, O Lord,
Almighty as Thou art;
For Thou hast stooped to ask of me
The love of my poor heart.

No earthly father loves like Thee,
No mother e'er so mild,
Bears and forbears, as Thou hast done
With me, Thy sinful child.

Father of Jesus, love's reward,
What rapture will it be,
Prostrate before Thy throne to lie,

And ever gaze on Thee!

—F. W. Faber, "My God, How Wonderful Thou Art"

28

Father, how can I thus be bold to pray
That Thou shalt grant me that, or spare me this?
How should my ignorance not go astray,
How should my foolish lips not speak amiss,
And ask for woe, when fain
    they would ask bliss?

How shall I dare to prompt Thee, the All- wise,
To show me kindness? Thou art ever kind.
What is my feeble craving in Thine eyes,
Which view the centuries vast, before, behind,
And sweep unnumbered worlds
    like viewless wind?

Thy goodness ordereth what thing shall be,
Thy wisdom knoweth even my inmost want;
Why should I raise a needless prayer to Thee,
Or importune Omnipotence to grant
My wishes, dim, short- sighted, ignorant?

And yet I come,— for Thou hast
    bidden and said;
But not to weary Thee, or specify
A wish, but rather with this prayer instead:
"O Lord, Thou knowest,— give it or deny;
Fill up the cup of joy, or pass me by."

Just as Thou wilt is just what I would will.
Give me but this,— the heart to be content,
And, if my wish is thwarted, to lie still,

Waiting till puzzle and till pain are spent,
And the sweet thing made plain which
the Lord meant.

—Susan Coolidge, "How Shall I Pray?"

29

Lord, when I bend before Thy throne,
And my confessions pour,
Teach me to feel the sins I own,
And hate what I deplore.

My broken spirit, pitying see;
True penitence impart;
And let a kindling glance from Thee
Beam hope upon my heart.

When I disclose my wants in prayer,
May I my will resign;
And not a thought my bosom share
That is not wholly Thine.

Let faith each weak petition fill
And waft it to the skies,
And teach my heart 'tis goodness still
That grants it or denies.

—Joseph Dacre Carlyle, "Lord, When We Bend before Thy
  Throne"

30

Great God! my Maker and my King,
Of Thee I'll speak, of Thee I'll sing;
All Thou hast done, and all Thou dost,
Declare Thee good, proclaim Thee just.

Thy ancient thoughts and firm decrees;
Thy threatenings and Thy promises;
The joys of heaven, the pains of hell—
What angels taste, what devils feel;

Thy terrors and Thy acts of grace;
Thy threatening rod, and smiling face;
Thy wounding and Thy healing word;
A world undone, a world restored;

While these excite my fear and joy,
While these my tuneful lips employ,
Accept, O Lord, the humble song,
The tribute of a trembling tongue.

—Benjamin Beddome, "The Justice and Goodness of God"

31

Fountain of grace, rich, full, and free,
What need I, that is not in Thee?
Full pardon, strength to meet the day,
And peace which none can take away.

Doth sickness fill my heart with fear?
'Tis sweet to know that Thou art near;
Am I with dread of justice tried?
'Tis sweet to know that Christ hath died.

In life, Thy promises of aid
Forbid my heart to be afraid;
In death, peace gently veils the eyes;
Christ rose, and I shall surely rise.

O, all- sufficient Saviour, be
This all- sufficiency to me;
Nor pain, nor sin, nor death can harm
The weakest, shielded by Thine arm.

—James Edmeston, "Complete in Him"

32

Jesus, cast a look on me;
Give me sweet simplicity,
Make me poor and keep me low,
Seeking only Thee to know;

All that feeds my busy pride,
Cast it evermore aside;
Bid my will to Thine submit;
Lay me humbly at Thy feet.

Make me like a little child,
Of my strength and wisdom spoiled,
Seeing only in Thy light,
Walking only in Thy might,

Leaning on Thy loving breast,
Where a weary soul may rest;
Feeling well the peace of God
Flowing from Thy precious Blood!

In this posture let me live,
And hosannas daily give;
In this temper let me die,
And hosannas ever cry!

—John Berridge, "Jesus, Cast a Look on Me"

33

With grateful heart my thanks I bring,
Before the great Your praise I sing;
I worship in Your holy place
And praise You for Your truth and grace;
For truth and grace together shine
In Your most holy word divine.

I cried to You, and You did save;
Your word of grace new courage gave;
The kings of earth shall thank You, Lord,
For they have heard Your wondrous word;
Yea, they shall come with songs of praise,
For great and glorious are Your ways.

O Lord, enthroned in glory bright,
You reign above in heav'nly height;
The proud in vain Your favor seek
But You have mercy for the meek;
Through trouble though my pathway be,

You will revive and strengthen me
You will stretch forth Your mighty arm
To save me when my foes alarm;
The work You have for me begun
Shall by Your grace be fully done;
Your mercy shall forever be;
O Lord, my Maker, think on me.

—Poet Unknown, "With Grateful Heart My Thanks I Bring"

34

God, who made the earth and heaven, darkness and light:
You the day for work have given, for rest the night.
May Your angel guards defend me,
Slumber sweet Your mercy send me,
Holy dreams and hopes attend me
All through the night.

And when morn again shall call me to run life's way,
May I still, whate'er befall me, Your will obey.
From the pow'r of evil hide me,
In the narrow pathway guide me,
Never be Your smile denied me
All through the day.

Guard me waking, guard me sleeping, and, when I die
May I in Your mighty keeping all peaceful lie.
When the last dread call shall wake me,
Then, O Lord, do not forsake me,
But to reign in glory take me
With You on high.

Holy Father, throned in heaven, all- holy Son,
Holy Spirit, freely given, blest Three in One:
Grant me grace, I now implore you,
Till I lay my crown before You
And in worthier strains adore You
While ages run.

—Reginald Heber, "God Who Madest Earth and Heaven"

35

My Savior whose infinite grace
Most kindly encompasses me,
Whose goodness more brightly I trace,
The more of my life that I see.—The
sins that I mournfully own,
Thy meekness and mercy exalt,—And
sweet is the voice from Thy throne,
That tenderly shows me a fault.

Even now, while my praises arise,
A sorrowful spirit is mine;
A spirit Thou wilt not despise,
For O! it is mourning with Thine.
My joy is in light from above,
The light which Thy kindness displays;
My grief is for lack of the love
That would tune my whole life to Thy praise.

My faithful Redeemer, forgive
The sin it has grieved Thee to see,
And let me remember to live
In the Spirit that glorifies Thee.
Though much in Thy child Thou hast borne,
Thy counsels still gently repeat,
And give me, if still I must mourn,
To mourn as a child at Thy feet.

—Anna Waring, "My Savior Whose Infinite Grace"

36

Jesus, tender Shepherd, hear me,
Bless Thy little lamb tonight;
Through the darkness be Thou near me.
Watch my sleep till morning light.

All this day Thy hand hath led me,
And I thank Thee for Thy care;
Thou hast clothed and warmed and fed me,
Listen to my evening prayer.

Let my sins be all forgiven,
Bless the friends I love so well;
Take me, when I die, to Heaven,
Happy there with Thee to dwell.

—Mary Lundie Duncan, "Evening Hymn"

37

No help in self I find,
And yet have sought it well;
The native treasure of my mind
Is sin, and death, and hell.

To Christ for help I fly,
The Friend of sinners lost,
A refuge sweet, and sure and nigh,
And there is all my trust.

All other refuge fails,
And leaves my heart distrest;
But this eternally prevails,
To give a sinner rest.

Lord, grant me free access
Unto Thy piercèd side;
For there I seek my dwelling- place,
And there my guilt would hide.

—John Berridge, "No Help in Self I Find"

38

Lord, I approach Thy throne of grace,
Where mercy does abound,
Desiring mercy for my sin,
To heal my soul's deep wound.

O Lord, I need not to repeat
What I would humbly crave,
For Thou dost know, before I ask,
The thing that I would have.

Mercy, good Lord, mercy I ask;
This is the total sum;
For mercy, Lord, is all my suit;
O let Thy mercy come.

—Poet Unknown, "Heal My Soul"

39

How precious, Lord, Thy sacred Word,
What light and joy those leaves afford
To souls in deep distress!
Thy precepts guide my doubtful way,
Thy fear forbids my feet to stray,
Thy promise leads to rest.

Thy threat'nings wake my slum'bring eyes,
And warn me where my danger lies;
But 'tis Thy Gospel, Lord,
That makes the guilty conscience clean,
Converts the soul, and conquers sin,
And gives a free reward.

—Isaac Watts, "How Precious, Lord, Thy Sacred Word"

40

Come, O come, Thou quick'ning Spirit,
God from all eternity!
May Thy power never fail me;
Dwell within me constantly.
Then shall truth and life and light
Banish all the gloom of night.

Grant my heart in fullest measure
Wisdom, counsel, purity,
That I ever may be seeking
Only that which pleaseth Thee.
Let Thy knowledge spread and grow,
Working error's overthrow.

Show me, Lord, the path of blessing;
When I trespass on my way,
Cast, O Lord, my sins behind Thee
And be with me day by day.
Should I stray, O Lord, recall;
Work repentance when I fall.

Holy Spirit, strong and mighty,
Thou who makest all things new,
Make Thy work within me perfect
And the evil foe subdue.
Grant me weapons for the strife
And with vict'ry crown my life.

—Heinrich Held, "Come, O Come, Thou Quick'ning Spirit"

41

Father of lights, from Thee descends
Each good and perfect gift;
Then hear me while my thankful heart
In prayer of praise I lift:

I praise Thee, Maker, that Thou first
Didst form me from the clay,
And made my soul to love Thy name,
And worship, and obey.

I praise Thee, that the soul Thou gave,
Thou still in life dost hold—Preserver,
noon would fade to night,
Ere half Thy love were told!

I praise Thee, Saviour, that Thou didst
My soul from death release,
And, with Thine own atoning blood,
Procure me endless peace.

Maker, Preserver, Saviour, God!
What varied thanks I owe
To Thee, howe'er address'd, from whom
Such varied blessings flow.

To Thee, who on a darken'd world
Celestial light hast pour'd,
And told of heav'n, and taught the way,
In Thy most holy Word.

Wide as the blaze of noon is spread,
Spread Thou that word abroad:
I ask it, Saviour, in Thy name;

Maker, Preserver, God!

—George Doane, "Midday"

42

Bow down Thy ear, O Lord, and hear,
For I am poor and great my need;
Preserve my soul, for Thee I fear;

O God, Thy trusting servant heed.
O Lord, be merciful to me
For all the day to Thee I cry;
Rejoice Thy servant, for to Thee
I lift my soul, O Lord Most High.

For Thou, O Lord, art good and kind,
And ready to forgive Thou art;
Abundant mercy they shall find
Who call on Thee with all their heart.

O Lord, incline Thine ear to me,
My voice of supplication heed;
In trouble I will cry to Thee,
For Thou wilt answer when I plead.

There is not God but Thee alone,
Nor works like Thine, O Lord Most High;
All nations shall surround Thy throne
And their Creator glorify.

In all Thy deeds how great Thou art!
Thou one true God, Thy way make clear;
Teach me with undivided heart
To trust Thy truth, Thy name to fear.

—Griffith Hugh Jones, "Confident Pleading"

43

Once more, O Lord, Thy sign shall be
Upon the heavens display'd,
And earth and its inhabitants
Be terribly afraid:
For, not in weakness clad, Thou com'st,
My woes, my sins to bear,
But girt with all Thy Father's might,
His judgment to declare.

The terrors of that awful day
O who can understand?
Or who abide, when Thou in wrath
Shall lift Thy holy hand?
The earth shall quake, the sea shall roar,
The sun in heaven grow pale;
But Thou hast sworn, and wilt not change,
Thy faithful shall not fail.

Then grant me, Saviour, so to pass
My time in trembling here,
That when upon the clouds of heaven
Thy glory shall appear,
Uplifting high my joyful head,
In triumph I may rise,
And enter, with Thine angel train,
Thy palace in the skies.

—George Doane, "Once More, O Lord, Thy Sign Shall Be"

44

O Jesus, I have promised
To serve Thee to the end;
Be Thou forever near me,
My Master and my Friend;
I shall not fear the battle
If Thou art by my side,
Nor wander from the pathway
If Thou wilt be my Guide.

O let me feel Thee near me,
The world is ever near;
I see the sights that dazzle,
The tempting sounds I hear;
My foes are ever near me,
Around me and within;
But, Jesus, draw Thou nearer,
And shield my soul from sin.

O let me hear Thee speaking
In accents clear and still,
Above the storms of passion,
The murmurs of self- will;
O speak to reassure me,
To hasten or control!
O speak, and make me listen,
Thou Guardian of my soul!

O Jesus, Thou hast promised
To all who follow Thee
That where Thou art in glory
There shall Thy servant be;
And, Jesus, I have promised
To serve Thee to the end;

O give me grace to follow,
My Master and my Friend!

—John Ernest Bode, "O Jesus, I Have Promised"

45

Lord, speak to me, that I may speak
In living echoes of Thy tone;
As Thou has sought, so let me seek
Thine erring children lost and lone.

Oh, lead me, Lord, that I may lead
The wand'ring and the wav'ring feet;
Oh, feed me, Lord, that I may feed
Thy hung'ring ones with manna sweet.

Oh, strengthen me, that while I stand
Firm on the rock, and strong in Thee,
I may stretch out a loving hand
To wrestlers with the troubled sea.

Oh, teach me, Lord, that I may teach
The precious things Thou dost impart;
And wing my words, that they may reach
The hidden depths of many a heart.

Oh, give Thine own sweet rest to me,
That I may speak with soothing pow'r
A word in season, as from Thee,
To weary ones in needful hour.

Oh, fill me with Thy fullness, Lord,
Until my very heart o'erflow
In kindling thought and glowing word,
Thy love to tell, Thy praise to show.

Oh, use me, Lord, use even me,
Just as Thou wilt, and when, and where,
Until Thy blessed face I see,

Thy rest, Thy joy, Thy glory share.

—Frances R. Havergal, "Lord, Speak to Me, That I May Speak"

46

Glory be to God on high,
God whose glory fills the sky;
Peace on earth, and man forgiven,
Man, the well- beloved of Heaven.

Hail, by all Thy works adored!
Hail, the everlasting Lord!
All Thy glories I confess,
Infinite and numberless.

Holy Spirit, Thee I own;
Thee, O Christ, the only Son!
Lamb of God for sinners slain,
Saviour of offending men.

Praise the name of God Most High;
Praise Him, all below the sky;
Praise Him, all ye heav'nly host,
Father, Son, and Holy Ghost.

—Charles Wesley, "Glory Be to God on High"

47

Lord, dost Thou give the painful wound?
And shall I turn away?
Nay, rather for the sorest stroke
The trusting heart would stay.

For faithful are Thy kindly wounds,
Though 'neath the bruise we bend;
Sweet is the secret of Thy love,
Unfolded in the end.

They deepen in our fickle hearts
The knowledge of Thy ways;
They put new songs within our lips,
And give new themes of praise.

And when Thy chastening is past,
More gladness far is ours,
Than when the sweets of earthly joy
Increased on us in showers.

Then do for me, O blessèd Lord,
Whate'er Thou thinkest well;
Let sorrow sound upon my soul
Its deep, its dismal knell,

If but the music of Thy love
With soft, yet deeper tone,
Awakes the soul to find in Thee
Delights before unknown.

—A. M. Hull, "To a Friend in Deep Affliction"

48

Far from my thoughts, vain world, begone,
Let my religious hours alone:
Fain would my eyes my Savior see;
I wait a visit, Lord, from Thee.

My heart grows warm with holy fire,
And kindles with a pure desire:
Come, my dear Jesus, from above,
And feed my soul with heavenly love.

The trees of life immortal stand
In fragrant rows at Thy right hand;
And in sweet murmurs, by their side,
Rivers of bliss perpetual glide.

Haste, then, but with a smiling face,
And spread the table of Thy grace;
Bring down a taste of fruit divine,
And cheer my heart with sacred wine.

Blest Jesus, what delicious fare!
How sweet Thy entertainments are!
Never did angels taste above
Redeeming grace, and dying love.

Hail, great Immanuel, all divine!
In Thee Thy Father's glories shine;
Thou brightest, sweetest, fairest one,
That eyes have seen or angels known.

— Isaac Watts, "Far from My Thoughts, Vain World, Begone"

49

Jesus, and shall it ever be,
A mortal man ashamed of Thee?
Ashamed of Thee, whom angels praise,
Whose glories shine through endless days?

Ashamed of Jesus! sooner far
Let evening blush to own a star;
He sheds the beams of light divine
O'er this benighted soul of mine.

Ashamed of Jesus! just as soon
Let midnight be ashamed of noon;
'Tis midnight with my soul, till He,
Bright Morning Star, bid darkness flee.

Ashamed of Jesus! that dear friend
On whom my hopes of bliss depend?
No; when I blush be this my shame,
That I no more revere His name.

Ashamed of Jesus! yes, I may,
When I've no guilt to wash away,
No tear to wipe, no good to crave,
No fears to quell, no soul to save.

Till then— nor is my boasting vain—Till
then I boast a Saviour slain;
And, oh, may this my glory be,
That Christ is not ashamed of me!

—Joseph Grigg, "Ashamed of Jesus"

50

Thou to whom all power is given,
Here on earth, above, in heaven,
Jesus, Saviour, mighty Lord,
Be Thy holy name adored!

In our hearts all- sovereign reign;
All the world be Thy domain!
May redeemed man, we pray Thee,
Like the angelic host, obey Thee.

Thou who dost the ravens feed,
Grant us all our bodies need;
Thou in whom we move and live
Daily grace sustaining give!

Pardon us, our sins confessing
Keep us from afresh transgressing;
May we pardon one another,
As becomes a sinning brother.

In temptation's dreadful hour,
Shield us with Thy gracious power.
From Satan's wiles our hearts defend,
Saviour, Comforter, and Friend!

Glory to Thee on earth be given,
Christ our King, the Lord of heaven;
Glory to Thee, great "First and Last,"
When this earth, and time, are past!

—Poet Unknown, "Hymn"

맺음말

     이 책을 읽고서 당신이 기도와 시를 모두 더 깊이 이해하게 되었으면 하는 것이 제 바람입니다. 그리고 물론, 시로 쓰인 기도들에서 그 두 가지가 만나는 것을 음미하게 되었기를 바랍니다.

     이제 이 시집의 마지막에 이르렀으니, 여기 실린 시들을 다시 읽으며 그 말로 기도해 보기를 권하고 싶습니다. 개인적으로 저는 오래전부터 매일 묵상에 이 시들을 포함시켜 왔습니다. 저는 날마다 이 시들 중 하나로 기도하며, 그렇게 하면 할수록 그것들을 더 이해하고 아끼게 되었습니다. 제가 이 시들을 이해하고 소중히 할수록, 그것들은 제 마음속 외침들에 음성을 주는 것 같습니다.

     시로 기도하는 것, 그리스도 안에서 우리 선배들이 쓴 시들로 기도하는 것에는 축복이 있다는 것을 당신도 저처럼 발견하게 되기를 바랍니다. 그들의 말이 당신의 말이 되고, 그들의 기도가 당신의 기도가 되기를 바랍니다.

수록 시인 및 시 목록